跨境电子商务系列精品教材

商务部十二五规划教材

全国外经贸职业教育教学指导委员会规划教材

跨境电子商务业务交流与沟通

主　编　刁建东

执行主编　刘希全　邱成峰

中国商务出版社

图书在版编目（CIP）数据

跨境电子商务业务交流与沟通／刁建东，刘希全，
邱成峰主编．—北京：中国商务出版社，2015.9（2019.7 重印）
跨境电子商务系列精品教材　商务部十二五规划教材
全国外经贸职业教育教学指导委员会规划教材
ISBN 978 - 7 - 5103 - 1394 - 3

Ⅰ．①跨…　Ⅱ．①刁…②刘…③邱…　Ⅲ．①电子商
务—职业教育—教材　Ⅳ．①F713.36

中国版本图书馆 CIP 数据核字（2015）第 241093 号

跨境电子商务系列精品教材
商务部十二五规划教材
全国外经贸职业教育教学指导委员会规划教材

跨境电子商务业务交流与沟通
KUAJING DIANZI SHANGWU YEWU JIAOLIU YU GOUTONG

主编　刁建东
执行主编　刘希全　邱成峰

出　版：中国商务出版社
发　行：北京中商图出版物发行有限责任公司
社　址：北京市东城区安定门外大街东后巷 28 号
邮　编：100710
电　话：010—64269744　64218072（编辑一室）
　　　　010—64266119（发行部）
　　　　010—64263201（零售、邮购）
网　址：http://www.cctpress.com
网　店：http://cctpress@taobao.com
邮　箱：cctp@cctpress.com　bjys@cctpress.com
照　排：北京宝蕾元科技发展责任有限公司
印　刷：北京印匠彩色印刷有限公司
开　本：787 毫米×1092 毫米　1/16
印　张：9.75　　字　数：172 千字
版　次：2015 年 11 月第 1 版　2019 年 7 月第 3 次印刷
书　号：ISBN 978 - 7 - 5103 - 1394 - 3
定　价：30.00 元

丛书编委会

本书编委会

总　序

　　跨境电子商务最近几年非常引人瞩目。根据《中国电子商务发展报告》，跨境电子商务每年以不低于 30% 的增长速度发展。特别是自从阿里巴巴于 2014 年年底在美国上市，电子商务的发展更是突飞猛进。2015 年，国务院和相关部委密集出台若干政策，鼓励跨境电子商务发展，改革创新对外贸易的监管方式，不仅批准跨境电子商务试点城市，还推出新的海关监管代码，批准杭州成为跨境电子商务综合试点城市。政府监管方式创新的探索与企业转型和商业模式创新交相辉映，构成了中国对外贸易发展的新图景。

　　实际上，无论是企业界，还是学术界，大家对跨境电子商务的理解还存在很大的差距。正如对电子商务的理解千差万别一样，对跨境电子商务的理解更是不尽相同。也许人们已经厌烦了外贸电子商务的说法，借助于国外的"Cross - border E - commerce"一词，表达了在外贸领域创新电子商务发展的意愿。

　　在国外"跨境电子商务"通常被狭义理解，即跨境电子商务就是跨境网上零售，主要针对个体消费者、网上交易、网上支付。这些交易在网上进行，并不属于通常意义上的传统国际贸易。

　　广义理解，跨境电子商务就是外贸领域内互联网及信息技术的不同层次的应用以及所来的市场变化。这些变化，包括主体变化、手段创新、业务运作方式变化、商业模式创新等，甚至包括所带来的全球商业规则和法律环境变化。

　　互联网全球普及至今不到 20 年时间，这些年，全球市场发生了巨大变化，网络虚拟市场已经把人类带入了新的经济发展阶段。人类商业生态环境发生了突变。在这个变化中，有些物种适应不了生态环境变化就会被淘汰，有些物种会逐步调整来适应新的生态环境变化而继续生存下来，甚至在新的生态环境下会出现新的物种。而这些物种就是我们所说的商业模式。旧的商业模式在不断地被颠覆，新的商业模式层出不穷。这就需要我们教学研究者不断跟随实践变化，总结这些规律，并把实践中最新发展赋予概念、理论，并传授给学生，让学生可以快速掌握最新的知识。

跨境电子商务系列教材就是在这个背景下产生的。2015 年 6 月 1 日，对外经济贸易大学国际商务研究中心与阿里巴巴一同完成并发布了《跨境电子商务人才研究报告》，该研究发现目前市场上严重缺乏跨学科的复合型人才。企业普遍认为，现有学科人才培养严重脱离实践，相关专业学生对跨境电子商务领域的知识了解很不够。当然，人类进入互联网时代才刚刚开始，商业模式的创新至少还要持续 10 ~ 15 年时间，有关跨境电子商务的发展格局还没有完全定型，新知识、新概念层出不穷。我们还需要一个认知过程。

这次跨境电子商务系列教材的撰写是在跨境电子商务领域进行知识总结的一次探索。我们注意到以往一些跨境电子商务的书籍，有些是业内人士从实践和操作角度写的操作手册，或者是经验介绍，有些则把跨境电子商务仅仅理解为跨境网络零售，大量地介绍如何进行网上开店等。而本系列教材试图全面介绍在国际贸易领域电子商务的发展以及所带来的运作方式、商业模式的变化，既要反映跨境网络零售的实践发展，又要反映在外贸 B2B 领域的电子商务的发展。我们认为，跨境电子商务的发展、跨境网络零售会是国际贸易长期的一个补充，各种围绕 B2B 跨境电子商务的发展有不可估量的潜力，而目前发展格局已经初露端倪，我们在教材撰写的时候已经考虑了这些发展实践和发展趋势。

由此可以看出，尽管理论和知识总结落后于实践，但是对现有实践的总结和提升会为各方读者提供一个全面看待跨境电子商务的视角。

鉴于教材编写教师所处领域不同，视角不同，我们努力把握一致的方向，但是也难免对跨境电子商务这一新生事物认识不够深入。错漏之处，敬请读者批评指正。

王 健 教 授
对外经济贸易大学国际商务研究中心主任
全国国际贸易实务研究会学术委员会主任
2015 年 8 月

前　言

跨境电子商务方兴未艾，是国际贸易与电子商务结合的新产物。跨境电子商务与传统国际贸易截然不同，其参与者在不同国家或地区全程通过互联网络实现交流沟通，最终实现支付款和交易；跨境电子商务由于涉及不同国家或地区的监管政策和商业习惯差异，因此与传统的电子商务也存在较大的差别，需要从业者、政策制定者以及相关学者从全新的角度来学习、研究和总结。

本书以消费者心理为基础，以交流与沟通理论为切入点，系统全面地介绍了贯穿跨境电子商务全流程的交流与沟通业务应用知识。基础理论力求清晰、简洁，以满足实用为准绳，紧密与跨境电子商务领域出现的新知识、新技术和新方法相结合；应用知识力求真实、系统，全面贯彻于跨境电子商务全流程，在全面培养学生的交流与沟通素质的同时，重点突出对学生应用能力的训练和对创新意识的培养。全书主要包括交流与沟通概述、跨境电子商务概述、跨境电子商务店铺装修与商品描述、跨境电子商务售前交流与沟通、跨境电子商务售后交流与沟通、跨境电子商务争议处置、世界主要市场交流禁忌等内容。核心章节结构采用先理论后实践相结合的处理方式，以提高读者的接受能力。内容力求深入浅出、通俗易懂、重点突出，适合大中专院校作为培训教材使用，也适合企业一线从业人员、企业管理者、政府公务员作为普及读本或学习参考用书使用。

本书第一章由南京工业大学的周晓琛老师负责编写，第二章由山东外贸职业学院的刘希全和邱成峰老师编写，第三章由嘉兴学院南湖学院的吴煜祺和郭玉华老师负责编写，第四章由山东外贸职业学院的邱成峰老师和刘雪博士编写，第五章由桂林旅游学院的袁晓娟老师负责编写，第六章由重庆电子工程职业学院的许定洁老师负责编写。全书最终由刘希全老师负责统稿，山东外贸职业学院刁建东教授最终审定。

限于编者水平，书中存在疏漏和不足，恳请读者批评指正。

编　者
2015 年 9 月

目 录

第一章 绪 论

电子商务在我国虽然只有短短十余年的发展历史，但其整体规模呈现高速扩张之势。中国电子商务研究中心发布的《2014年度中国电子商务市场数据监测报告》显示，2014年中国电子商务市场交易规模达13.4万亿元，同比增长31.4%。其中，跨境电子商务表现更为突出，其交易规模为4.2万亿元，同比增长33.3%，表现出强劲的发展潜力。

由于跨境电子商务是分属不同关境的交易主体，通过电子商务的手段将传统进出口贸易中的展示、洽谈、成交和结算环节电子化，并通过跨境物流送达商品、完成交易的一种国际商业活动。因此，跨境电子商务所面临的局面更为复杂，其不可避免地要受到不同的语言、地域、气候、价值观念、思维方式、行为方式、风俗习惯、文化、消费习惯、宗教乃至国家政策、行业环境等因素的影响，并且在此商业活动中交流与沟通横贯跨境电子商务的全流程，此时良好的交流与沟通显得尤为重要。

第一节 交流与沟通概述

西方有句民谚：You can never not communicate as a person.（作为人，你不得不交流与沟通。）研究表明，除了睡眠时间之外，人们日常生活中70%的时间都在进行交流与沟通，交流与沟通是一种自然而然、必须的、无所不在的活动。

一、交流与沟通的概念

交流与沟通取义于英文的"Communication"，是指人与人、人与群体、人与社会之间双向的信息传递、接收、交流、分享信息的活动过程，概言之，但凡人类信息交流的关系和活动皆可称之为交流与沟通。

二、交流与沟通的过程与作用

1. 交流与沟通过程模型

交流与沟通作为一个活动过程，它首先是发送者作为一个信息源把自己脑海中的想法或思想进行编码，转化为信息，然后通过一定的通道传递给接收者，接着接收者将收到的信息按照自己的理解进行解码，也就是将信息转译出来，接收者产生一定的想法或思想后反馈给信息源，信息源对于反馈又形成新的反馈，再次传递出去，这一过程的不断地循环和往复就形成了交流与沟通（见图 1 - 1）。

图 1 - 1　交流与沟通过程模型

2. 交流与沟通的基本要素

从交流与沟通的过程模型中不难看出，交流与沟通包含了七个基本要素，即信息源、编码、信息、通道、解码、接收者和反馈，这七个基本要素在交流与沟通过程中起着不同的作用，对交流与沟通的效果也有不同的影响。

（1）信息源：信息源作为信息的发出者，首先必须要有一定的想法或思想需要与接收者沟通，其次它作为编码和沟通通道的制作者和选择者，需要对接收者有相对充分的了解。

（2）编码：信息源把头脑中的想法、认识及感觉转化成信息的过程。编码水平的高低受到发送者的技能、态度、知识以及社会文化等方面的影响。

对于同样一个需要表达的想法、认识和感觉，不同的人编码出来的信息各不相同。某些编码者的专业的技能较好，他们能够以较为理想的方式把信息传递给接收者，而其他人由于技能的限制，在编码时就有可能产生有一定的偏差；而专业技能相差不大的发送者，经他们编码出来的信息也不尽相同，因为不同的人对同样一个想法、认识和感觉可能已经有了自己预先定型的不同态度，或者在编码过程中态度认真的程度不一样，结果也往往大相径庭；由于知识面和知识结构的不同，编码结果也呈现较大的差异，学营销的发送者会更偏重以刺激销售、强调促销元素的形式编码；学会计的更为偏重以成本、效益等方面的术语进行编码；学艺术的会更偏重以提高视觉美感、色彩与图形的变化进行编码；而社会文化往往会影响信息源的价值观和信仰，这自然也对编码产生影响。

（3）信息：经过信息源编码的物理产品。信息存在形式多种，如语言、文字、图像、光、声音、动作、表情等。信息受到三个因素的影响：用于传递意义的编码或信号群、信息本身的内容、信息源对编码和内容的选择与安排。

（4）通道：传递信息的媒介物。常见的媒介包括：面对面的交谈、基于互联网的即时通软件、电话、电子邮件、备忘录、信件、一般文件等。这些通道在传递信息方面的能力并不一样。

面对面的交谈所传递的信息最丰富，通过语言、体态、表情、手势、语调，为交谈双方提供了大量的信息线索，并且相互之间的信息也可以得到及时的反馈，当然由于它传递的信息最为复杂，其潜在的引起误会的可能性也最大，反映的信息也最为模棱两可。而基于互联网的即时通软件在信息的丰富性方面仅次于面对面的交谈，大部分即时通软件或多或少具备文字即时通、语音留言、网络电话、网络视频等功能，并且能够传递文件、图片、视频，建立群组和讨论组，此外，还兼具娱乐等功能，但它传递的信息也较为复杂，反映的信息的模棱两可度仅次于面对面的交谈。目前，基于互联网的即时通软件已经成为跨境电子商务交流与沟通的主要通道之一。一般文件所传递的信息相对而言最匮乏，但是它反映的信息却是最明确的。可以这么说，面对面的交谈、基于互联网的即时通软件、电话、电子邮件、备忘录、信件、一般文件它们在传递的信息量上呈递减趋势，内容的明确程度上呈递增之势。

（5）解码：接收者将通道中加载的信息翻译成自身所能理解的信息形式而后接收的过程，在这一过程中接收者将把发送者发送的信息转为自己的想法、认识和感觉。与编码同样，解码水平的高低也受到解码者的技能、态度、知识以及社会文化等的影响。

（6）接收者：信息指向的客体，即获得信息的人。

（7）反馈：接收者接收信息后，产生相应的想法、认识和感觉，又将其加工成信息返回到信息源的过程。反馈可以对信息是否传送成功以及传送的信息是否符合原意进行核实。当反馈开始的时候，从某个方面讲，信息源与接收者的角色已经发生互换。

3. 沟通的作用

从上述的沟通过程和沟通要素的分析中不难看出，交流与沟通首先是为了完成信息的传递，即信息的发送者通过一定的媒介将信息传递给接受者，如通过面对面、基于互联网的即时性聊天软件、电话、电子邮件、备忘录、信件、一般文件等媒介形式实现信息的传递；其次交流与沟通是为了达成信息的双向交流，即接收者接收到发送者的信息后产生一定的反应，并将其反馈给发送者，形成双向的交流，在这双向的交流中，两者互相影响，彼此交换意见，它是一个循环往复的过程；最后交流与沟通的目的是为了实现信息的共享，即交流与沟通的最终目的是为了让参与沟通交流的各方在交流与沟通过程中，在某种程度上取得一致的理解和认识，达成共识。

4. 交流与沟通的失真

一个理想中的完美交流与沟通自然是发送者心里的想法、认识和感觉经由编码成为信息通过通道传递到接收者后，接收者解码所还原感知到的想法、认识和感觉与发送者发出的完全一样，没有丝毫的偏颇。然而在现实中，这样完美的交流与沟通却很难存在，因为在交流与沟通的过程中存在失真。

关于交流与沟通的失真率，曾有人形象地将之称为交流与沟通的漏斗，即当你心里想的为100%时，你嘴上说的就可能只剩下80%了，别人听到的为60%，别人听懂的为40%，别人行动的为20%（见图1－2），信息失真率由此可见一斑。

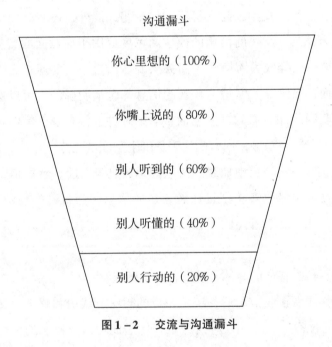

图1－2　交流与沟通漏斗

究其原因，因为在交流与沟通过程中七大基本因素都有潜在的造成沟通失真的可能，比如出现编码不认真、信息内容混淆、通道选择不当、噪声过高或者信息源和接收者个人有偏见、知识水平高低不一、解码不认真、注意力不集中等状况，它都有可能造成交流与沟通的失真。所以，人们往往只能力求降低交流与沟通的失真率，达到有效的交流与沟通。

三、有效交流与沟通的障碍与良好效果的获得

1. 影响有效交流与沟通的主要障碍

（1）信息的过滤：通常作为信息源的信息发送者会有意操纵信息，使信息显得对接收者更为有利，但这往往会出现过多不必要的信息，使得信息发送者的真实想法很难被领会，或者反映出来的信息不客观。

（2）选择性知觉：在交流与沟通中，接收者往往会根据自己的需求、动机、经验、背景及其他因素有选择地收取信息。解码时，同样会把自己的兴趣和期望带进信息之中。这直接导致了信息解码不全面或者被曲意地听取。

（3）情绪：不同的情绪导致接收者对同一信息的解释全然不同，尤其极端的情绪（如大悲、狂喜）会使接收者无法进行客观、理性的思维活动，甚至由于一时冲动，做出过于情感化的反应。

（4）语言：语言在跨境电子商务交流与沟通中最为明显。首先，语言相通的问题，别国语言能力的高低直接影响交流与沟通的效果；其次，词义的不同诠释，同一词汇，不同的人理解的意义是不同的，甚至有些词汇在两种文化中很难找到合适的词互译；再次，不同语言中词汇的意义也不相同；比如日本人常说的"Ha – i"，字面意思是"是"，但它并不一定表示赞同，它只是表示"是，我在听！"；而美国人所说的"Freeze"，字面上的意思是"使结冰、凝固、冻结"的意思，但它往往会被用来喊"站住"，现实生活中就曾经发生过外国留学生因为到美国家庭讨水喝，当对方喊"Freeze"时，留学生误以为问是否要冰镇的水，在摇头的时候被枪杀的惨剧；最后，有些术语或行话，在不同的地区会有不同的意思。年龄、教育和文化背景会影响信息源和接收者的语言风格和其对词汇的界定，这对交流与沟通也会造成影响。

此外，距离、沟通风格、文化、习俗等都会对交流与沟通的有所影响。

2. 如何获得良好的交流与沟通效果

（1）树立信息源的良好声誉和形象：研究表明，一个信息源的良好声誉往往与其权威性、客观性、与接收者的亲密性三方面有关。

权威性即信息源对所谈问题所具有的专门知识。权威的建立对交流与沟通的效果影响巨大。有这样一个笑话，说在一所大学的课堂上，上课的教授说："我今天请来一位专家给大家做讲座。这位专家是哈佛大学的终身教授，诺贝尔奖得主，著名的化学家×××。"在一片掌声中，这位专家走向讲台，很小心谨慎地取出一个玻璃瓶，瓶中有一些透明液体，专家打开瓶盖后说："这是我最新研究出来的化学制剂，它的挥发物

能使人闻后轻松愉快，你们感觉到了没有？"仅过了十几秒钟，有学生举手表示感觉到了，接着越来越多的学生举起手来示意，最后几乎超过80％的学生都举过手，而且每个人脸上都露出了微笑。等专家走后，教授很严肃地对大家说："刚才那位所谓的专家是学校的勤杂工，瓶中装的也只是普通的水而已。我希望大家以后做学问多一些实事求是，少一些人云亦云。我们信奉的是真理，而非专家。"固然这个笑话本意是为了说明不要迷信权威，但也从反面说明了权威一旦建立，它的效果是相当惊人的。这也是为什么同样的一句话，不同的身份和地位的人去说会获得不同的效果。因此，在交流与沟通中，应注意树立信息源的权威，这样更能引起接收者的重视，提高信息源的说服力，对方也轻易不愿挑战权威。

客观性是指信息源给人以客观公正，不夸张渲染，稳重可信的印象。在交流与沟通中，适当地运用客观数据、独立第三方的评价往往可以获得这样的效果。

亲密性是指信息源与接收者之间的心理距离。要获得良好的交流与沟通效果就应尽量缩小这一距离，通过送对方小礼品拉近距离，多为对方设想，能够站在对方的立场上来交流与沟通，多用"我们……"这样的词，而不是"你……、我……"，当问题出现时，多说"我们一起看看如何解决"，而不是"这是你的事，我已经怎么怎么了，所以跟我没关系"。这要求沟通者有一定的移情能力和换位思考的习惯。

（2）选择良好的信息制作方式：沟通者应该选择较好的信息组织形式和表达方式，使信息更加通俗易懂。还应该根据交流与沟通对象的经验范围来编码，并努力扩大双方的"共同经验范围"。一般来说，双方的共同经验范围越大，交流与沟通的效果越好（见图1-3）。

（3）注意交流与沟通气氛的影响：因为交流与沟通总是在一定的具体场合、情景气氛中进行的，因此有效的交流与沟通要注意环境气氛的影响。这里所说的环境包括：物质的环境，主要是指交往的空间和物理场景，比如说选择较安静的地点进行谈判，在不同的物质环境下选择不同的交流与沟通方式；心理的环境，主要是指交流与沟通时的心理状态和气氛，比如说情绪好的时候交流与沟通较为容易，反之较难，所以沟通者要学会建设心理环境或者选择心理环境较好的时候再交流与沟通；时间的环境，主要是指交流与沟通的具体时机，通常来说，交流与沟通越及时，效果越明显；社会的环境，主要是指信息源与接收者间的社会关系，即个人所属的团队、社会规范及文化风俗等，这点往往会影响其价值观、道德观，对交流与沟通的影响虽然表象上不是非常明显，但在深层次上影响较大。

（4）完善交流与沟通技巧：交流与沟通效果和交流与沟通技巧水平的高低密切相

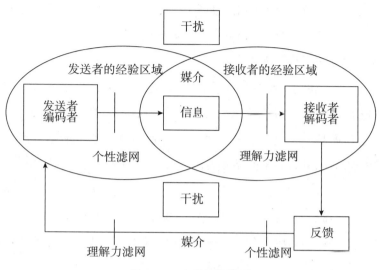

图 1 - 3　有效沟通模型

关。沟通者应善于运用各种文字、有声语言、体态语言的沟通方式来达到良好的沟通效果。

第二节　跨境电子商务概述

一、跨境电子商务的概念

跨境电子商务脱胎于"小额外贸"，最早始于 2005 年，不同关境的交易主体通过互联网平台达成交易，通过 PayPal❶ 等第三方支付方式完成支付。初时这种买家多以个人为主，交易的产品数量和金额也较小，一般通过联邦快运、DHL 等快递公司完成货品的运送。跨境电子商务发展至今，其涵盖面已经迥异。

从狭义上看，跨境电子商务是指分属于不同关境的交易主体，借助计算机网络达成交易、进行支付结算，并采用快件、小包等行邮的方式通过跨境物流将商品送达消费者手中的交易过程。这一过程的国际说法叫 Cross - borderE - commerce，即跨境零售。狭义的跨境电子商务对于海关的统计口径来说，就是在网上进行小包的买卖，其基本上针对消费者（即通常所说的 B2C 或者 C2C），但随着跨境电子商务的发展，跨境

---

❶　PayPal 是目前全球最大的网上支付公司。PayPal 是 eBay 旗下的一家公司，致力于让个人或者企业通过电子邮件，安全、简单、便捷地实现在线付款和收款。截至 2012 年，在跨国交易中超过 90% 的卖家和超过 85% 的买家认可并正在使用 PayPal 电子支付业务。

零售消费者中也会含有一部分碎片化小额批发买卖的 B 类商家用户（即 B2 小 B），由于现实中这类小 B 商家和 C 类个人消费者很难区分和严格界定，因此，狭义的跨境电子商务中也将这部分纳入跨境零售内容。

从广义上看，跨境电子商务基本等同于外贸电子商务，是指分属不同关境的交易主体，通过电子商务的手段将传统进出口贸易中的展示、洽谈和成交环节电子化，并通过跨境物流送达商品、完成交易的一种国际商业活动。本书所指的跨境电子商务以此为准，并特指跨境电子商务中商品交易部分（不含服务部分），它既包含跨境电子商务交易中的跨境零售（狭义部分），还包括跨境电子商务 B2B 部分，不仅包括跨境电子商务 B2B 中通过跨境交易平台实现线上成交的部分，还包括跨境电子商务 B2B 中通过互联网渠道线上进行交易撮合线下实现成交的部分。因此与传统外贸的交易流程存在着很大区别。

从更广意义上看，跨境电子商务泛指电子商务在进出口贸易中的应用，是传统国际贸易商务流程的电子化、数字化和网络化。它涉及货物的电子贸易、在线数据传递、电子资金划拨、电子货运单证等多方面的活动。从这种意义上看，在国际贸易环节中只要涉及到电子商务应用都可以纳入这个统计范畴内。但这不在本书研究之列。

不难看出，跨境电子商务在更规范、更严格的意义上敲开了网购无国界的大门，是电子商务应用体系中较为高级的表现形式。

二 跨境电子商务的流程和作用

1. 跨境电子商务的流程

从跨境电子商务出口的流程看，生产商或制造商将生产的商品在跨境电子商务企业的平台上上线展示，在商品被选购下单并完成支付后，跨境电子商务企业将商品交付给物流企业进行投递，经过两次（出口国和进口国）海关通关商检后，最终送达消费者或企业手中，也有的跨境电子商务企业直接与第三方综合服务平台合作，让第三方综合服务平台代办物流、通关商检等一系列环节，从而完成整个跨境电子商务交易的过程。

跨境电子商务进口的流程除了与出口流程的方向相反外，其他内容基本相同（见图 1 - 4）。

可见，跨境电子商务的贸易流程涉及国际运输、进出口通关、国际结算支付等环节，此外还需考虑安全性与文化差异等因素，因此，跨境电子商务兼具一般电子商务和传统国际贸易的双重特性，也发挥着越来越重要的作用。

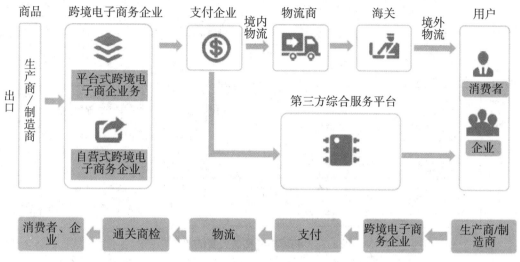

图 1-4 跨境电子商务的流程

2. 跨境电子商务的作用

(1) 整合多国资源，提升跨国购物体验。随着互联网技术、物流基础.设施、国际支付体系等方面的发展与完善以及大数据、云计算等信息技术的深化和普及，跨境电子商务可以整合各国的优势资源，消费者可以通过 A 国购物平台挑选 D 国货品，在 B 国的支付平台上结算，同时选择 C 国的物流公司，以求提升跨国购物效率和购物体验。整个跨境电子商务贸易过程中的信息流、物流、资金流等要素已由传统的双边向多边化网状结构的方向演进。

(2) 缩短对外贸易中间环节，提升进出口贸易效率。近年来，世界经济复苏趋势缓慢、贸易摩擦的加剧，如果不能解决传统外贸模式的过度依赖传统销售、买家需求封闭、订单周期长、利润空间低的实际问题，大部分中小企业的进出口贸易将步履维艰。跨境电子商务依靠互联网技术、跨境支付和国际物流，可以重塑中小企业国际贸易链条，减少了传统贸易形式的中间环节，实现了多国企业之间、企业与个体批发商之间、企业与终端消费者之间以及消费者与消费者之间的直接贸易，有效地减少了贸易中间环节和商品流转成本，节省了中间环节成本，提升企业获利能力，使得消费者获得实惠，体现跨境电子商务门槛低、环节少、周期短、利润高等特征（见图 1-5）。

(3) 满足小批量、多频次采购之需。研究资料表明，经济危机对全球采购带来的影响并没有导致采购总额的减少，但是采购方式却由过去以大宗集中采购为主的贸易格局逐渐向小批量、高频次、快节奏的方式转变，全球采购正往更灵活机动的方向发展。无疑，与传统贸易相比，跨境电子商务为企业或消费者即时性地按需采购、销售

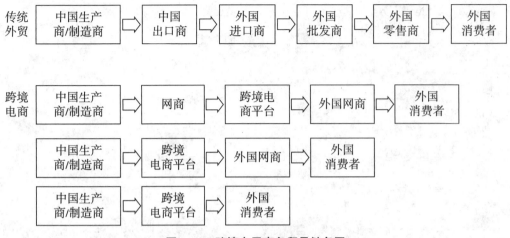

图 1-5 跨境电子商务贸易链条图

或者消费，多频次地购买提供了更好的平台和技术支撑。

（4）扩充国际贸易的品类。传统国际贸易的交易对象多以实物产品和服务为主，随着互联网的纵深化发展，以软件、游戏、音像等为代表的数字化产品在跨境电子商务模式下也呈现出快速增长的态势。因为这类无形产品交易不涉及物流配送，交易行为几乎在瞬间完成，发展空间无限，这为国际贸易品类的延伸提供了更多的想象空间。当然，跨境贸易中"数字化"产品海关等有关政府部门的监管的缺失，相关交易量没有纳入收缴关税、贸易统计的范围，在一定程度上为交易带来了新的安全隐患，可谓危机与机遇并行。

三、主流的跨境电子商务平台简介

跨境电子商务根据不同的分类纬度，可以分成不同的类别。按商品流向分，可以分为跨境出口和跨境进口；按跨境电子商务平台的盈利模式分，可以分为纯平台企业、自营＋平台企业、自营企业三类，纯平台企业仅提供平台不涉足采购和配送等，自营＋平台企业一方面自营部分产品赚钱差价，另一方面作为平台提供方收取佣金；自营企业则自营赚钱差价，往往涉足采购和配送等领域；按主体和客体分，又可以分为B2B、B2C、C2C 三个种类；按业务专业性分，又可以分为综合型企业和垂直型企业，综合型企业的业务呈现多元化，其用户流量及商家商品数量巨大，垂直型企业的业务比较专业化，专注核心品类的深耕细作；随着跨境电子商务的迅猛发展，为满足用户需求和企业发展，新的模式仍将不断涌现。

（一）跨境电子商务出口平台简介

随着外贸宏观环境的改善和跨境电子商务政策红利的不断释放，未来几年跨境电子商务出口业务将进入新一轮快速发展期。在这种背景下，国内大量涌现的各类跨境电子商务平台，按照产业模式和发展特点，结合前文的分类纬度，跨境电子商务出口平台可以分为大宗跨境贸易 B2B 平台、独立第三方跨境小额批发零售平台（包含 B2 小 B、B2C 和 C2C 模式）和综合自营式跨境小额批发零售平台（自营式 B2C 独立商城）三大类。其中，最具代表性的网站有阿里巴巴国际站、全球速卖通、Amazon、eBay、兰亭集势、敦煌网、易宝（DX）等国内外知名电子商务平台，这类平台也是做跨境电子商务的首选对象。

1. 大宗跨境贸易 B2B 平台

这类模式主要为境内外会员搭建网络营销平台，传递供应商、采购商以及合作伙伴的商品或服务信息，其特点是：网站制面庥高、流量大、交易信息充分、交易安全等；运作模式是：通过较系统的附加服务（如论坛、博客、广告）等形式帮助买卖双方完成交易；盈利模式是：通过收取会员费、认证费、营销推广费等。目前，大宗 B2B 交易属于最为传统的交易平台，占据强势主体地位，在整个跨境电子商务中的份额占 95% 以上。这类模式的代表性平台有阿里巴巴国际站、环球资源、中国制造网、自助贸易网（DIYTREAD）等。

（1）阿里巴巴国际站（http：//www.alibaba.com）

阿里巴巴国际站成立是为了帮助中小企业拓展国际贸易市场，并提供出口营销推广服务，是外贸型企业拓展海外市场的首选外贸平台。平台服务包含一站式的店铺装修、产品展示、营销推广、生意洽谈及店铺管理等。平台宗旨在于最大限度地帮助企业降低成本、高效率地开拓国际市场，在助推电子商务服务业发展的同时提升综合竞争力。

（2）环球资源（http：//globalsources.com）

环球资源成立于 1970 年，是业界领先的多渠道 B2B 媒体公司，其核心业务为通过环球资源网站、印刷及电子杂志、采购资讯报告、买家专场采购会、贸易展览会（VirtualExpo，TradeShow）等一系列英文媒体及综合性的 B2B 整合推广服务，以促进亚洲各国的出口贸易，迄今已帮助逾 100 万的国际买家在国际市场进行高效采购。环球资源于 2000 年在美国纳斯达克股票市场公开上市，如今已经成功迈向第五个十年。

环球资源的发展远景主要锁定五大特定领域：一是通过网站、商展、杂志广告等传播渠道为大中华地区的供应商提供综合性的 B2B 出口推广服务；二是通过中文内贸网及面对面洽谈等方式，帮助全球优质供应商开发中国 B2B 内贸市场；三是借助一系列中文媒体的整合营销，为大中华地区的电子行业提供从设计到出口的一条龙服务；四是面向中国顶级精英群体提供高端品牌推广服务；五是对印度等新兴市场提供一整套的出口解决方案。

（3）中国制造网（http：//www.made-in-china.com）

中国制造网创建于1998年，是由焦点科技开发和运营的，面向全球市场提供产品的B2B电子商务服务类网站。网站分为国际站和内贸站，为中国数以百万计的中小企业提供网络营销策略和商业信息数据库服务，协助其开展信息交流和国际商贸活动。中国制造网在运营策略上关注平衡国内供应商和全球供应商、免费注册会员与收费会员之间的相关利益，公司业务得以稳定增长。

中国制造网作为国内最著名的B2B电子商务网站之一，专注于出口推广，专注于服务买家，几乎从不涉足与出口推广无关的业务，专注于服务希望不断提升自身竞争力的出口企业，协助企业改善单纯以价格竞争来获取订单的局面，通过产品创新和服务增值打造企业的核心竞争力，帮助买卖双方实现高效、便捷的在线商务活动。

（4）自助贸易网（http：//diytrade.com）

自助贸易网其前身为大中华商贸网，2006年5月更名，公司总部及研发团队设在中国香港，是面向全球供应商和采购商的国际贸易B2B平台，定位在通过市场定位和营销手段建立企业间的信息发布与沟通平台，为中小企业提供电子商务服务。自助贸易网的典型特色是为会员提供个性化的自助建站功能，会员支付一定的费用后即可获得功能强大且具有独立域名的商务网站，在同类企业中享受信息资料的优先排序特权，优先获得全球采购商的关注，同时平台会将相应的信息资料即时提交全球主要搜索引擎，面向全球买家进行推广。对于免费会员的网站，自助贸易网也提供商品展示、在线洽谈、在线支付等功能，B2B外贸网站的基本功能一应俱全，但免费会员发布的信息数量是有所限制，一些扩展功能也不能使用。总体而言，其个性化的技术基础服务颇具特色。

此外，跨境贸易B2B平台还包含ECVV（又名伊西威威，全球范围内第一家按效果付费的B2B电子商务网站）、万国商业网（拥有全球最多的地方贸易站，包括英文国际站、中国站、巴西站、墨西哥站、中国香港站和日本站等）、亚洲产品网（为亚洲的国际贸易出口产品提供整合性的解决方案）、速贸天下（提供B2B2C服务，是中国交易速度最快的外贸电子在线交易平台）等。

2. 独立第三方跨境小额批发零售平台（B2小B、B2C、C2C）

这类平台也称为门户类跨境小额批发零售平台，作为独立运营的第三方，平台一般不参与支付、物流等交易环节，但在市场影响力及服务体系等方面则较为完备。其特点是：门槛低、周期短、支付方式灵活、利润较高；盈利模式是：收取佣金为主，收取会员费、广告费等为辅；运营模式是：包括 B2 小 B、B2C、C2C 三种，其中 B2 小 B 模式指从"海外进口商"至"海外批发商"，"海外批发商"也即"小 B"，通过小额外贸批发业务促进产业链中整体利润的提升。这类平台是现阶段跨境电子商务的热门方向，其典型代表有全球速卖通、敦煌网、Amazon、eBay、Wish（移动跨境电子商务平台）、Esty 等。

（1）全球速卖通（http：//www.aliexpress.com）

全球速卖通是阿里巴巴旗下唯一面向全球市场打造的集订单、支付、物流于一体的外贸在线交易平台，被业界誉为"海外版的淘宝"。从 2010 年上线至今，全球速卖通已覆盖全球 220 多个国家和地区的海外买家，日均流量超过 5000 万，交易额年增长速度超过 400%。截至 2014 年 6 月，全球速卖通在全球购物类网站排名第四，已成为全球最具影响力的跨境电子商务交易平台之一。2014 年双 11 速卖通当天成交 680 万个订单。

全球速卖通的成立是为了帮助中小企业接触海外终端批发零售商，通过小批量多频次的销售模式以拓展利润空间的平台。全球速卖通上所出售的产品一般具有体积较小、价格实惠、附加值较高等特征，例如服饰、钟表饰品、数码产品、化妆品、工艺品、体育及旅游用品等。因其与淘宝类似，已逐渐成为国际小卖家自主创业的首选平台。在开店流程上，全球速卖通与淘宝一样发布产品后即可免费开店，订单完成后网站收取 5% 的交易佣金，在同类外贸电子商务网站相对较低。

（2）敦煌网（http：//www.dhgate.com）

敦煌网于 2004 年创立，是全球优质的在线外贸交易平台之一，其成立是为了帮助中国中小企业通过跨境电子商务方式走向全球市场，开辟新的国际贸易通道，让全球化在线交易变得更加简单、安全、高效。敦煌网在为中小额 B2B 企业提供高效专业的信息流、安全可靠的资金流及快捷简便的物流做了诸多尝试，是中小商家开展国际业务的优质外贸平台之一。在网站运营策略上，敦煌网采取"为成功付费"的经营模式，解决了众多中小卖家在创业之初的资金短缺问题。此外，为更好地为外贸中小企业提供金融服务的需求，敦煌网已经与相关合作银行推出联名借记卡、信用卡等，贷款额度从 5 万元到 150 万元不等，未来或将推出包含运费贷款在内的更多形式的金融服务，互联网金融成为敦煌网业务体系中的重要组成部分之一。2014 年下半年，敦煌网已有国内注册供应商 120 万家，在线商品 2500 万种，业务网络遍及全球 224 个国家和地区，买家规模超过 550 万，平均每 3 秒钟就会产生一张订单。

（3）亚马逊（http：//amazon.com）

亚马逊公司（Amazon，简称"亚马逊"）成立于 1995 年，是美国最大的电子商务公司，也是最早经营电子商务的公司之一。旗下业务包括 AmazonServices、AmazonFulfillment、AmazonKindle、AmazonPayments 等，网站经营范围从最初的图书业务逐步扩展至影视、音乐、家居、珠宝、婴幼儿用品、体育及户外用品等，已成为全球商品品种最多的网上零售商。目前，亚马逊在全球共有 13 个电子商务网站，物流配送覆盖 65 个国家，全球活跃用户超过 2 亿。数据显示，目前亚马逊美国市场的新增卖家中，50% 来自美国本土以外的国家，这些国家中又有 56% 的卖家来自中国，即亚马逊美国市场每新增四个卖家，就有一个来自中国。由此可见，中国品牌正在迅速占领美国电子商务市场，以服装为例，2014 年上半年，来自中国的第三方卖家所创造的销售额同比增长 421%。

（4）亚马逊中国（http：//www. amazon. cn）

亚马逊中国是亚马逊在中国设立的网站，原名"卓越亚马逊"，其前身为由雷军和陈年于 2000 年共同创立的卓越网。2004 年 8 月 19 日，亚马逊公司以 7500 万美元将卓越网收归为亚马逊中国全资子公司，总部设在北京。在运营策略上，亚马逊中国将全球领先的电子商务零售专长与中国市场的运营经验进行了融合，提升了国内消费者的购物体验。网站经营产品涉及图书、影视、软件、钟表饰品、化妆品等类别。在具体的经营方针上则秉承了亚马逊公司一贯的"长期投入"和"客户至上"理念，从精选货品、低价策略、方便快捷等方面为消费者打造人性化的购物环境。2012 年，亚马逊中国推出"全球开店"项目，全力推进中国跨境电子商务的发展，2013 年，该项目中国卖家数量增加了 196%，并在英国市场上取得了超过 560% 的销售额增长，目前"全球开店"项目中市场表现最好的产品分别是服装类和电子消费品类。

（5）eBay（http：//www. ebay. com）

eBay，又名电子湾、亿贝、易贝，Pierre Omidyar 以 Auctionweb 于 1995 年 9 月 4 日创立于加利福尼亚州圣荷西，是一个可供全球网民买卖物品的线上拍卖及购物网站。eBay 在全球各个国家和地区设立的站点多达 39 个，核心经营类目包括时尚类、运动类、家居类、汽配类五大系列，目前已发展成为全球最大的网络零售市场。eBay 全球交易额超过 830 亿美元，售出物品超过 20 亿件，其中 20% 的商品交易属于跨境贸易；在支付方面，旗下公司 PayPal 的商业支付交易总额超过 1250 亿美元；eBayEnterprise 在 2013 年的商品销售额达到 42 亿美元；全球商业交易量（ECV）超过 2120 亿美元。eBay 在全球市场的业务拓展除了跨境电子商务外，其移动电子商务方面的表现不俗，数据显示，eBay 在 2008 年推出移动应用后，2013 年 eBay 通过移动应用实现的交易额就达到 220 亿美元。截至 2014 年第一季度，其全球总下载量已经超过 2.4 亿次，eBay 总商业交易量的 40% 与移动设备有关。

eBay 中国是 eBay 旗下的全资子公司，主要为了帮助中国的中小企业和个人卖家开拓海外市场，促进中国跨境电子商务的发展。在运营策略上，通过本地化服务平台 www. ebay. cn，不仅为卖家提供跨国贸易培训课程，分享各个目标市场的贸易动态，还设置专门的用户讨论区，帮助用户通过沟通和经验分享提升销售技巧。

（6）Wish（http：//www. merchant. wish.）

Wish 由来自欧洲的 PeterSzuiczewski 和来自广州的张晟（Danny），创立于 2011 年 9 月，是北美地区最大的移动跨境购物平台。目前 Wish 平台 95% 的订单量来自于移动端，APP 日均下载量稳定在 10 万左右。Wish 平台 60% ~70% 的商家来自中国，并占据了总交易额的 80% ~90%。Wish 的迅速崛起，不仅为数量众多的国内中小卖家提供了产品走出国门的机会，也为移动跨境电子商务的发展提供了范本。调研数据表明，截至 2014 年 7 月，Wish 平台的用户总数已达 3300 万，日均活跃用户逾 100 万，其中移动端用户占比 95%。在盈利模式方面，Wish 主要从入驻商家的交易额中抽取 15% 的来获得收益。

不同于亚马逊、eBay、全球速卖通等跨境电子商务平台，Wish 专注于移动端的"算法推荐"购物，实现千人千面，即不同用户看到的商品信息不一样，同一用户在不同的时间也会看到不同的商品，这得益于两位创始人在互联网技术应用领域的深厚沉淀，Wish 在创业之初即将"智能推荐技术"作为平台的核心运营思维，根据用户的浏览轨迹和使用习惯适时推荐合适的产品，让在 Wish 的购物体验融合了更多的娱乐感，在无形的互动中增强用户黏性。此外，由于 Wish 同时融合了图片分享和商品交易闭环，其与 Wanelo 等社交导购网站、Pinterest 等社交图片网站的并不相同。

Wish 运营基因中的"技术性""数据决定一切"等精髓使得其在短短的三年期间，从硅谷众多初创型电子商务企业中脱颖而出，迅速成为移动跨境电子商务平台中的"黑马"，令亚马逊、eBay 等跨境电子商务大平台都为之侧目。2014 年 6 月，Wish 获得君联资本、FoundersFund、Fomation8、GGVCapital 等知名投资机构总共 5000 万美元的融资，目前公司估值已达 4 亿美元。但作为初建的移动跨境交易平台，Wish 也不可避免地面临着跨境电子商务发展的物流、支付等问题，其当务之急是尽快完善这些短板，最大限度地降低它们对用户体验构成的负面影响。

除以上平台之外，第三方跨境小额批发零售平台还包括易唐网（成立于 2007 年，综合性 B2B 跨境电子商务企业，交易模式如同 B2C）、Etsy 网（在线销售手工工艺品的社交型跨境电子商务网站，运营模式类似 eBay 和淘宝）等。

3. 综合自营式跨境小额批发零售平台（B2C 独立商城）

这类平台通常自主创建 B2C 商城，自建物流、支付及客服体系，主要利润来源是销售收入，通过不断巩固细分领域的发展优势，以差异化的竞争手段获取海外生存空间，有点类似于国内的京东商城、当当网等自营式电子商务企业。这类模式的代表性平台有兰亭集势、易宝、环球易购等。

（1）兰亭集势（http：//www.lightinthebox.com）

兰亭集势成立于2007年，是整合了外贸跨境电子商务供应链服务的在线B2C平台，旗下包括婚纱礼服、小额批发、手机数码等相关子网站。兰亭集势以欧洲和北美为主要目标市场，主要经营外贸销售，产品品类涵盖服装、电子产品、玩具、家居用品、体育用品等14大类，共计6万多种商品，22万个商品选择。兰亭集势通过17种主要语言服务于全球各地的买家，建立了翔实的客户资料数据库并长期积累。2010年6月，兰亭集势收购了3C电子商务欧酷网。2014年6月7日，兰亭集势在美国纽交所挂牌上市，成为中国第一个真正意义上的跨境电子商务上市公司（此前DX曾借壳海外上市），其以"小批量、高频率、跨界走"的特色正形成跨境电子商务的一股新兴的力量。

（2）易宝DX（http：//www.dx.com）

易宝DX由毕业于美国常青藤大学的陈灵健于2007年年初创建，其从eBay平台上撤出来做独立网站后，凭借其创立团队的市场眼光、技术能力、人力成本控制和营销手段，在自营式B2C跨境电子商务中迅速崛起，2011年网站销售额接近2亿美元。在产品定位上，易宝DX坚持3C产品的主营线路，目标市场定位于俄罗斯、巴西、以色列等新兴市场，其中巴西市场的销售额占据了网站销售总额的23%左右。在具体的营销模式上，DX主打"论坛营销"，通过大量的论坛合作将产品信息整合推广至各个区域市场，并以此提升用户的黏性，据易宝DX内部数据显示，网站有近50%的流量来自直接流量，重复购买率接近45%。在物流方面，借助"全网最低价+2公斤以下电子产品+国际小包免运费"的模式，吸引了大量对价格敏感的客户。2012年，易宝DX上线了批发网站和垂直类网站，力求在跨境电子商务垂直市场上执其牛耳。

（二）跨境电子商务进口平台简介

跨境电子商务进口业务相对于跨境电子商务出口业务而言，无论在平台阵营、商务模式方面还是交易总额方面均处于萌芽起步阶段，但随着自贸区政策和电子贸易通关政策试点的日益放开，其发展潜力及前景巨大。从平台业务模式来看，目前跨境电子商务进口主要包括四种形式：一是以天猫国际、易趣网等为代表的"支付+物流"的大平台模式；二是以55海淘（论坛+返利性质）、海淘城、cn海淘为代表的链接销售模式；三是以洋码头、海豚村为代表的M2B2C模式（货源整合要求较高，类似于京东网、当当网等综合自营类大平台的运营模式）；四是以上海、郑州、宁波等跨境贸易电子商务服务试点为主的"网购保税"进口模式，其中较有代表性的是上海自贸区的"跨境通"。

1. 大平台模式

平台融合了支付和物流，解决了买家跨境购的后顾之忧。其代表是天猫国际、易趣网。

（1）天猫国际

2014年2月19日，阿里巴巴集团宣布天猫国际正式上线。天猫国际的卖家全部为中国大陆以外的公司实体，全部为国内消费者提供海外原装进口商品，并提供全部的直邮服务，所有入驻该平台的海外零售商家必须为店铺配备旺旺中文咨询，在支付环节上也可以像淘宝购物一样使用支付宝，售后服务也与淘宝类似。在物流方面，天猫国际要求商家72小时内完成发货，14个工作日内到达，并保证物流信息全程可跟踪。这些举措使得买家跨境购物体验与国内购物相差无几，在解决支付和物流的同时，也解决了交流与沟通问题。目前入驻天猫国际的海外零售商家已逾140家，包含香港第二大化妆品集团卓悦网、中国台湾最大电视购物频道东森严选、日本第一大保健网站kenko、海淘名表第一网站店ashford等海淘平台所开设的旗舰店。

（2）易趣网（http：//www.eachnet.com）

易趣网由毕业于美国哈佛商学院的邵亦波和谭海音于1999年在上海创立，网站不仅为大量中小卖家提供了一个网上创业和自我价值实现的舞台，更推出了方便、安全、快捷的海外代购业务，给广大买家带来了全新的购物体验，体现了为"帮助任何人在任何地点实现任何形式的交易"的服务宗旨。2002年3月，eBay以1.5亿美元全资控股易趣网。2010年2月，易趣正式推出海外代购业务，为买家提供代购美国购物网站商品的服务。2012年4月，Tom集团从eBay手中收购易趣，将之纳为旗下全资子公司，至此易趣不再是eBay中国的相关网站，但易趣网提供的各项服务均不受影响，其所有的业务进入独立运营阶段。

2. 链接销售模式

该模式主要通过提供大量的跨境进口的链接资源，以论坛和返利的形式进行推广，通过收取佣金来实现盈利。其代表是55海淘、海淘城、cn海淘等。

55海淘（http：//www.55haitao.com）是目前较为值得信赖的专业海淘网站，网站囊括了海淘网址大全、美国主流的海淘网站及来自全球各地的网络商品信息，资源丰富，让消费者在全球范围内自主浏览及选购商品。55海淘网的发展宗旨是"让流量轻松变现，轻轻松松赚美元"，消费者可以与站长一起共享海淘人群高速增长带来的现实利益。55海淘的核心优势之一是：它是截至目前中国国内唯一的提供中文返利的海淘网站，其海淘推广联盟全球佣金比例最高，返利也较为可观。

3. M2B2C 模式

该模式主要打通了国外优质生产商、零售商和国内消费者的通路，缩短跨境进口的链条。其代表是洋码头和海豚村。

（1）洋码头（http：//www. ymatou. com）

洋码头是国内首家引进海外零售商的海外购物网站，也是首家自建国际物流的跨境电子商务平台，其成立于 2009 年，2011 年 6 月正式上线，总部设在上海，并在纽约、洛杉矶、旧金山设立分部。洋码头的运营模式也称为 Dropship 模式，即以互联网精神改造传统进口贸易和国际物流行业，通过技术、物流、服务等有效整合商品资源，提升消费者的综合服务体验。洋码头打通了从美国、欧洲、日本等世界各地购买当地商品的渠道，并跨过所有中间环节，提供直购邮购服务，免去了零散代购模式中的一切繁杂手续。此外，洋码头还大力发展移动跨境电子商务业务，2013 年 7 月，洋码头旗下"海外扫货神器" APP 上线（支持 iOS 和 Android 系统），其业务网络目前已经覆盖英国、荷兰、法国、意大利、美国、澳大利亚等全球商品的主要集中地。

（2）海豚村（http：//www. haituncun. com）

海豚村是一家主打"平价购物"的海外直邮网站，于 2013 年 12 月 20 日正式上线。海豚村通过与欧洲知名厂商合作，建立中欧物流通道，面向中国消费者销售海外品牌商品。海豚村的创始人长期生活在欧洲，并将源于欧洲的商业灵感植入了网站的战略构思。网站除了友好的中文界面、支持多种国内支付手段等特点以外，还包括适合中国消费者特点的极具亲和力的营销手段：商品价格与欧洲零售价同步、欧洲原产地直发、商品运输周期超长则赔偿、7 天无理由退货、购物送海豚币等。

4. 网购保税模式

前面三个进口模式都是采取消费者购买境外商品，境外商品通过国际运输的方式发送商品，直接送达境内消费者的运作方式，网购保税模式采取了境外商品入境后暂存保税区内，消费者购买以个人物品出保税区，包裹通过国内物流的方式送达境内消费者的运作方式。显然与直购相比较，保税模式能够缩短物流时间，品质也得到海关的监管，售后服务相对较好，物流费用也随之降低，但是缺点则在于由于需要在保税区提前备货，所以产品丰富度不足，无法完全满足直接购买稀缺、优质、新奇的全球产品。目前这里模式主要采取政府主导的试点方式来开展，上海的跨境通、宁波的跨境购、郑州的 E 贸易平台、重庆的爱购保税皆在此列。

（1）跨境通（http：//www. kjt. com）

跨境通立足于上海自贸区，由上海东方支付有限公司承担建设运营职责，是一家专业从事第三方进口清关及物流增值服务的跨境电子商务网站，为消费者提供一站式配套服务。跨境通的商品定位以中高端境外品牌为主，且合作商家都经过海关备案，从源头上避免了消费者买到假货的风险。在服务流程上，跨境通实现了全程电子化管理，消费者还能获取相应缴税凭证，商品来源和交易流程更加透明，是"海淘"模式中的"正规军"。

（2）跨境购（http：//www.kjb2c.com/）

跨境购立足于宁波，是宁波国际物流发展股份有限公司旗下项目之一，由国家发改委和海关总署授牌，项目通过搭建了一套与海关、国检等执法部门对接的跨境贸易电子商务服务信息系统，为进口电子商务企业缩短通关时间、降低物流成本、提升利润空间，并解决灰色通关问题，为海外中高端品牌进入中国市场提供一种全新的互联网模式，解决传统模式下海外品牌进入中国市场的诸多问题。跨境购为国内跨境消费者提供实名身份备案、税单查询、商品防伪溯源查询等跨境网购服务。现阶段纳入跨境平台的"卖家"都经过平台认证，消费者下单后平台提供商品追溯二维码，手机扫描后，可以看到商品进口的详细信息，方便消费者验证真伪。由于商品集中采购，保税存储，消费者下订单后，短时间内配送到达（全国大部分城市 1~3 天到达），并解决退换货问题，也是"海淘"模式中的"正规军"之一。

此外，杭州作为"全国电子商务之都"，将向国家申报中国杭州网上自由贸易区，真正促进跨境电子商务的自由化、便利化、规范化的发展。

四、全球主要跨境电子商务市场简介

1. 欧洲——规模最大的跨境电子商务市场

欧洲地区是现阶段全球最大的跨境电子商务市场，《2013 年全球跨境电子商务报告》[1] 数据显示，2012 年，欧洲电子商务市场规模实现 4126 亿美元，占全球电子商务市场的 35.1%，73% 的受访者表示将跨境电子商务的发展重心放在欧洲市场。

这一观点具有其科学依据，从区域上看，欧洲分为成熟的北部市场、迅速增长的南部市场和新兴的东部市场，其仍具有较好的增长空间；从网购用户规模来看，欧洲的 8.2 亿居民中有 5.3 亿互联网用户，2.59 亿在线购物用户，这为跨境电子商务提供

---

[1] 《2013 年全球跨境电子商务报告》由全球无卡支付网（cardnotpresent.com）联合国际支付方案提供商 PayvisionI 于 2014 年 7 月正式发布。

了成熟的网民基础；从电子商务贡献度来看，欧洲 B2C 电子商务税收的 61% 由英、德、法三个国家贡献，尤其是英国，其互联网对 GDP 的贡献引领了欧洲电子商务的发展潮流，电子商务也更好地解决了就业岗位；从在线零售排名来看，欧洲商情市场调研公司公布的在线零售销售前十也都在欧洲，足以证明欧洲才是真正的在线买家；此外，移动电子商务在欧洲电子商务规模中的比重约为 5.5%，预计这一数字在未来还有大幅提升的空间。

一个统一的欧洲市场给电子商户提供巨大商机，但是目前只有 27% 的欧洲电子零售店主在跨境销售他们的产品；在不同地区，消费者的购买速度和商户的销售速度存在着很大差异；在欧洲，跨境电子商务买家的主力军是斯堪的纳维亚国家、比利时、荷兰、卢森堡，这些国家的消费者对于从网上购买国外的东西尤为热衷。因此，对于欧洲市场，需理解不同地区之间的差异，包括语言、文化、法律、顾客喜好和支付方式之间的区别，以支付方式为例，荷兰的 ideal、比利时的 mistercash、法国的 carte-bleue，都是各自国家很受欢迎的支付方式。此外，在这些地区，印刷商品目录或搞"交易周"活动很受欢迎，所以应该调整多渠道策略以适应地区偏好。

对于欧洲市场的预测，《2020 全球跨境电子商务趋势报告》[1] 认为，欧洲市场尽管可能增速放缓，但庞大的市场基数仍确保了其在 2020 年前三的霸主地位。欧洲经济一体化战略（尤其是数字化单一市场战略）将大大推进区域内跨境电子商务的发展，欧洲拥有众多规模较小的国家，本土市场规模有限，更加依赖跨境渠道对小众产品供应。总之，无论现在还是将来，欧洲都是需要绝对重视的市场。

2. 北美—最受欢迎的跨境电子商务市场

《2013 年全球跨境电子商务报告》数据显示，美国和加拿大在线总销售额达到3895 亿元，占全球的 33.1%。从网购用户规模来看，单美国 3.15 亿居民中有 2.55 亿网民，1.84 亿在线购物用户，其中超过半数的网购消费者都有跨境购买商品的经历，而加拿大则集中了全球 37% 的跨境消费者；从跨境电子商务的增长速度来看，据权威机构预计，2013—2018 年，美国跨境电子商务的复合年均增长率预计达 15%，其中移动跨境电子商务的增长率将高达 22%，移动支付在全球的份额将超过 1/3，尼尔森调查表明，美国（45%）是最受欢迎的跨境市场，紧接着是英国（37%）、中国大陆（26%）、中国香港（25%）、加拿大（18%）；从跨境运送服务方式来看，45% 的美国

---

[1] 《2020 全球跨境电子商务趋势报告》是阿里跨境电商研究中心与埃森哲于 2015 年 6 月 11 日在北京联合发布的全球跨境电子商务 B2C 电子商务趋势报告。

商户会选择标准邮政渠道；从跨境电子商务品类来看，服装、消费电子以及家庭用品的网店的增长率较大。加拿大的互联网、手机和银行服务的普及率很高，但由于加拿大地广人稀，物流对于加拿大偏远郊区来说是一个挑战。

对于北美市场的预测，《2020 全球跨境电子商务趋势报告》认为，北美市场到 2020 年，仍是全球第三大跨境 B2C 电子商务市场，美国不仅是跨境 B2C 电子商务的重要市场，同时也是全球跨境 B2C 电子商务最重要的货源地，在很多国家，美国都是消费者跨境购物的第一产品来源国。总之，未来几年，北美市场的跨境电子商务用户仍是"中国制造"的主力消费群体，也将成为跨境进口的重要货源国。

3. 亚太——增速最快的跨境电子商务市场

亚太地区是全球增长最快的第三大电子商务市场，总交易额达到 3016 亿美元，占全球的 25.7%。从社会财富的增长来看，亚太地区高财富人口增为 9.4%，财富值增长 12.2%；从网购用户规模来看，在全球网民增长率的排名中，中国和印度分别位居第一和第二。中国目前已经拥有 5.64 亿的网民，2 亿多的在线购物用户，网购氛围十分活跃，其中 50% 的人会网购和海淘。印度目前的互联网渗透率虽然只有 8%，但由于人口基数庞大，使用互联网的人数也非常多，日韩有 80% 的人活跃在网上，25% 的韩国和 18% 的日本网购者都会海淘，马来西亚也有超过半数的人都会上网，但跨境网购习惯还有待培养，庞大的人口基数和财富增长对跨境卖家极具吸引力。

对于亚洲市场的预测，《2020 全球跨境电子商务趋势报告》认为，亚太地区将以其领先的市场规模和强劲的增长成为全球最重要的区域市场。亚太地区跨境 B2C 电子商务交易额占比将由 2014 年的 30% 上升到 2020 年的 48%。其中，以中日韩为主的东亚，由于相关基础设施发达，移动互联网普及率高，是整个亚太区的核心，截止到 2020 年，东亚跨境电子商务将占亚太区的 86% 和全球的 39%，余下部分则可能由东南亚区域经济一体化而形成的热点区域获得。根据预测，亚太地区将上升为全球第一大跨境 B2C 电子商务市场。

4. 俄罗斯、南美—最具活力的新兴市场

在俄罗斯，电子商务是个正在成长的行业，虽然电子商务仅占其零售业的 2%，但 2007—2012 年，其年增长率达到 28.3%。俄罗斯的网络渗透率到 2014 年初已达 59%，拥有 9200 万移动互联网用户，线上买家有 3000 万，网络店铺 39000 个。俄罗斯是一个工业大国，但重工业发达，轻工业发展缓慢，民用工业十分落后。很多消费品都需要从国外进口，而作为邻国的中国就是其最大的进口国之一。2013 年，俄罗斯跨境网购用户达 400 万，入境包裹达到 700 万个，总金额超过 28 亿欧元，其中来自中国的包裹占60%以上。目前,俄罗斯国内还没有占绝对优势的电子商务平台,俄罗斯成为中国跨境电子商务重点追逐的热门市场,其中表现最突出的"全球速卖通",2013年的平均访问量就远远超过eBay和俄罗斯本土最大的电子商务平台Ozon,成为最受俄罗斯民众欢迎的购物平台。

拉美地区是电子商务的新兴市场,交易总额达到557亿美元,占全球的4.8%,其市场份额虽然不大,但其令人咂舌的增速使其与俄罗斯一样极具有战略意义。"农业资源大国"巴西,经济发展水平稳中有升,电子商务交易规模不断膨胀,但巴西境内普通商品价格极贵,因此人们更愿意从其他国家购买进口商品。在巴西消费者看来,中国商品种类繁多,物美价廉。相关数据显示,2013年以来,中国跨境电子交易中,巴西市场年增长率达600%,已成为增长最快的跨境电子商务市场,其中"全球速卖通"占巴西跨境网购市场20%的份额,巴西也成为"全球速卖通"平台仅次于俄罗斯的第二大消费市场。

对于俄罗斯和拉美市场的预测,《2020全球跨境电子商务趋势报告》认为,拉美是继亚太之后的第二大新兴市场,超过40%的年均增速时期成为全球跨境B2C电子商务增长最快的地区。无论俄罗斯还是拉美,产业结构造成的对进口消费品的强烈需求是这些市场需求的重要来源,同时这些市场较为薄弱的线下零售业也为跨境电子商务在这些地区留下来广阔的空间。

此外,中东和北非地区,交易额占到全球的1.3%,但其均为快速增长的新兴市场,未来可期。

五、跨境电子商务在中国

(一)跨境电子商务在中国的发展历史与现状

1. 跨境电子商务行业平台的发展历程

从1998年开始,以阿里巴巴B2B、中国制造网等为代表的最早一批跨境电子商务B2B网站诞生,这批网站主要提供信息发布和撮合交易服务,起着建立买卖双方之间的桥梁的作用,但由于存在对各个行业的服务不够专业深入、物流和支付的问题没有解决;平台服务基本为交易信息撮合服务,缺乏更深度、广度专业服务;询盘后企业转为线下沟通与交易等问题,这批B2B企业并不能提供深层次的服务,迫切需要转型。

截止到2003年,以敦煌网为代表的B2B企业诞生,该批企业从信息发布撮合型开始向交易平台的方向转变,并以收取交易佣金作为主要的盈利模式。从2013年开始,

B2B 企业再次转型，所提供的服务开始向交易中和交易后拓展，开始提供物流仓储、融资等多方面的服务，逐渐成为企业在线资源整合的平台。与此同时，从 2006 年开始，以易宝 DX、兰亭集势、大龙网为代表的跨境 B2C 企业先后成立，这批企业最大化的缩减了产业链的中间环节，从产品进销差价中赚取了丰厚利润，近几年获得了快速发展（见图 1 - 6）。

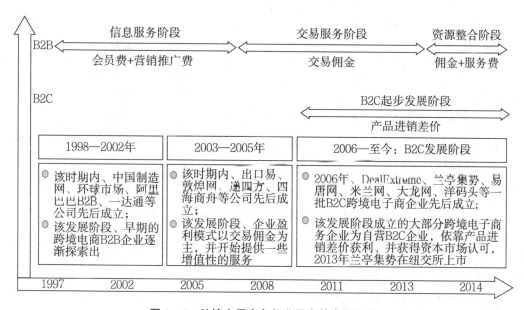

图 1 - 6　跨境电子商务行业平台的发展历程

2. 跨境电子商务的发展现状

（1）跨境电子商务交易规模❶持续高速增长

中国跨境电子商务交易规模近年来保持持续的高速增长。2014 年，中国跨境电子商务交易总额超过预期，为 4.2 万亿元，增长率为 33.3%，2013 年我国跨境电子商务交易规模为 3.1 万亿元，增长率为 31.3%，占进出口贸易总额的 11.9%，而此前 2012 年、2011 年的增速分别为 32%、40.1%，均远高于传统外贸交易增幅。随着国家跨境电子商务利好政策的先后出台、行业参与者的积极推动及行业产业链（包括物流基础设施、互联网技术、国际支付体系、大数据云技术等）的逐渐完善，预计未来几年跨境电子商务将继续保持快速发展，预计在 2017 年跨境电子商务交易规模将达到 8 万亿元以上，在进出口贸易总额中的渗透率将超过 20%（见图 1 - 7）。

（2）中国跨境电子商务出口远超进口

❶　跨境电子商务交易规模指跨境电子商务出口和进口规模的总和。

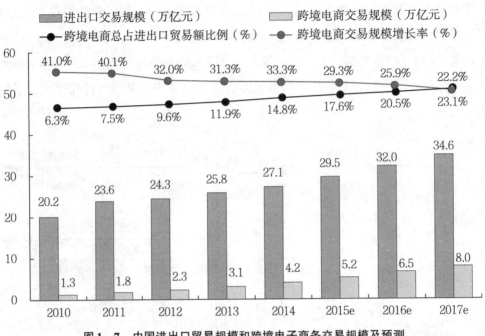

图1-7　中国进出口贸易规模和跨境电子商务交易规模及预测

艾瑞咨询的调研数据显示，2013年中国跨境电子商务中出口占比达到88.2%，进口占比在11.8%，出口远超进口，这说明目前我国跨境电子商务进口还处于起步阶段。但随着国内市场对海外商品的需求高涨，预计未来几年跨境电子商务进口的份额占比将会保持相对平稳缓慢的提升，进出口占比将逐步调整。但由于跨境出口的政府推动意愿强烈，预计未来出口交易量还将持续增长，跨境电子商务出口占据绝对多数的占

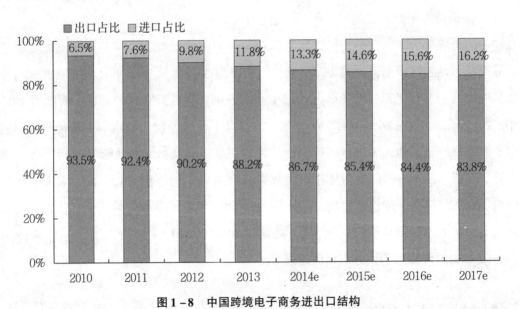

图1-8　中国跨境电子商务进出口结构

比状况暂时不会有根本性改变。

（3）中国跨境电子商务 B2B 交易占有绝对优势

从 2013 年中国跨境电子商务的交易模式看，在 B2B、B2C、C2C 三种模式中，跨境电子商务 B2B 交易占比达到 93.9%，占据绝对优势。虽然随着跨境贸易主体越来越小，跨境交易订单趋向于碎片化和小额化，未来 B2C 交易增速将超过 B2B，其占比会出现一定的提升，但由于 B2B 交易量级较大，且订单较为稳定，所以未来跨境电子商务交易中 B2B 交易仍将是主流。

（二）跨境电子商务未来发展趋势

1. 跨境电子商务的产品品类和销售市场进一步多元化

（1）产品品类的多元化表现在跨境电子商务交易的品类将由易到难，将由从最初的线上音乐和视频等数字产品到高标准化的物流简单的图书，再到服饰、护肤、化妆品和消费类电子产品，乃至拓展到未来生鲜食品、家居、汽车等物流要求更高的产品。品类的不断拓展将有利于开拓销售市场，两者相辅相成。

（2）销售市场多元化表现老牌成熟市场如欧洲、美国持续保持增长的情况下，新兴市场也迅速崛起，这直接导致未来跨境电子商务的增长将是由于跑马圈地带来的消费者数量驱动型。而对于新兴市场的特征主要有：当地产业结构不合理，尤其是消费品行业的欠发达而造成消费品较难获得；线下零售渠道成熟度较差；本土市场规模较小；跨境交易便利程度较高；移动互联网普及度较高。

2. 跨境电子商务的交易结构中，B2C 占比提升，与 B2B 互补互促

据阿里巴巴预测，全球跨境 B2C 将迅速增长，其全球市场规模将由 2014 年的 2300 亿美元升至 2020 年的接近 1 万亿美元，消费者总数也将由 2014 年度的 3.09 亿人升至 2020 年的超过 9 亿人，前者年均增长率为 27%，后者年均增幅超过 21%。跨境电子商务 B2C 电子商务交易额到了 2020 年将占到当年全球 B2C 电子商务交易额的 29.3%，而当年全球 B2C 电子商务交易额则占到当年全球零售总额的 13.5%，B2C 的占比进一步提升。但尽管 B2C 具备利润空间大、有利于树立品牌形象、有利于把握市场需求以及市场前景更广阔的优势，但是其也存在订单量小且不稳定，营销推广费用较高，用户获取难度较大等劣势，因此 B2B 仍将是全球贸易的主流，两者互补互促，组合开拓海外市场。

3. 移动端成为跨境电子商务新的交易渠道，其潜力更为惊人

随着互联网的发展，特别是基于智能手机和平板电脑的移动互联网的不断普及，新一轮"移动端为王"之战展开。移动技术的进步使得线上线下商务之间的界限模糊，

移动互联使得消费者可以随时随地随心购物，跨境电子商务可以携带着做生意，不受特定时空的限制，有些新兴市场直接进入移动跨境电子商务市场，就能够带来巨大的增量市场。跨境电子商务移动端的迅速发展，已然大有和 PC 各占半壁江山之势。全渠道互联无缝的网购模式对人民的消费习惯产生了深远的影响，也为跨境电子商务带来新的机遇。

4. 跨境电子商务的产业生态将更为完善

跨境电子商务将从传统的链状模式到基于平台的生态系统模式转变，围绕着交易双方，将衍生出一环套着一环、一圈围绕一圈的生态体系。在生态体系内的各方均受益于整个生态圈，并为之服务（见图 1-9）。

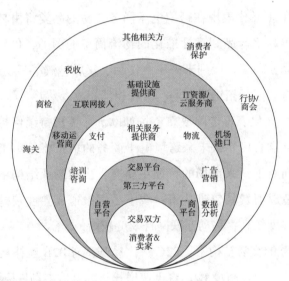

图 1-9　基于交易平台的商业生态系统

5. 消费和企业运营进一步全球化

跨境电子商务的发展使得无国界的消费者互动、无国界的个性定制和无国界的数据资源共享成为可能。通过跨境交易平台，消费者、企业可以彼此联系，相互了解，并且可以通过社交平台实现消费者互动，分享产品和厂家信息，形成国际消费者社区。而这一状况使得基于消费者洞察的个性化定制有了基础。海量的数据资源积累可以帮助卖家更好地了解买家，更为准确判断市场行情，其大数据甚至可为地方政府的决策提供帮助。消费进一步全球化。

跨境电子商务的发展也推动了企业更加平等和普惠的全球化，更注重与海外消费者互动和交易的企业在市场上将获得独特地位，而跨境电子商务的发展可以让企业轻资产方式实现迅速将业务流程全球化，更加灵活、机敏，运营成本进一步降低，决策更加精准。

第三节 跨境电子商务业务中的交流与沟通

不论跨境电子商务如何发展变化，交流与沟通始终贯穿整个业务。《2013 年全球跨境电子商务报告》的调研资料指出：在认识到链接多个跨境电子商务市场的重要性基础上，29.5% 的企业表示先专注于邻国市场或有共同语言的地区，约 70.3% 的受调查企业认为有共同的语言是跨境电子商务强大的内因，大约 67% 的被调查企业认为，有着相同语言的合作伙伴以及销售团队能够理解当地文化，并将为跨境电子商务带来更多的利润。究其根本，选择相同语言的实质是为了更好地交流与沟通，这一结果表明，良好的交流与沟通是能够增加跨境电子商务利润的强大的商业驱动力。跨境电子商务每天的具体业务操作自始至终都离不开交流与沟通。交流与沟通技巧是跨境电子商务的重要课题，熟练掌握交流与沟通技巧，能使许多问题迎刃而解，反之则寸步难行。

一、跨境电子商务业务中的交流与沟通概述

正如前文所述，交流与沟通是指人与人、人与群体、人与社会之间双向的信息传递、接收、交流、分享信息的活动过程。结合跨境电子商务的概念，跨境电子商务是指分属不同关境的交易主体，通过电子商务的手段将传统进出口贸易中的展示、洽谈和成交环节电子化，并通过跨境物流送达商品、完成交易的一种国际商业活动。因此，跨境电子商务业务中的交流与沟通就是将交流与沟通放在了跨境电子商务这个特定的业务领域，这就决定了跨境电子商务业务中的交流与沟通具有四个特性：一是交流与沟通的两方主体分属于不同的关境，可能具有不同的语言、地域、气候、价值观点、思维方式、行为方式、风俗习惯、文化、消费习惯、宗教乃至国家政策、行业环境等，双方的差异是交流与沟通的主要障碍；二是在整个业务流程中将主要采取电子商务手段，而非其他手段，所有的交流与沟通必须充分考虑电子商务手段的特性与特点；三是交流与沟通贯穿跨境电子商务中的展示、洽谈和成交各个环节，而非狭隘地仅限于洽谈这一环节；四是跨境物流、完成交易的后续工作也是交流与沟通的重要内容。当然，即便交流与沟通放在了跨境电子商务这个特定的业务领域，跨境电子商务中的交流与沟通符合交流与沟通的一切基本原理。

二、跨境电子商务与传统贸易在交流与沟通上的异同

1. 电子商务与传统贸易在交流与沟通上的相同点

    无论是电子商务还是传统贸易，在交流与沟通上最相同的两点均是具有时效性和完整性。

（1）所谓时效性是指无论是传统贸易中的商业谈判还是速卖通的旺旺询盘、站内信，均应在第一时间内及时回复，以便把握客户的节奏和时间进行紧密沟通并做出反应，抓住商务先机。

例一：

Me 2015. 09. 10 21：12	yes friend, what length do you want?
2015. 09. 10 20：20	Hi, need a good deal for this hair!

    这是一个站内信的询盘，这段对话看内容没有任何问题，但看时间，问题就来了，客户是20：20发出的，并且订单较大，在接近1个小时后21：12对方才收到回复。虽然回复时间符合平台规定和规则，但是可能面临两种可能；另一种是询盘人在线等了几分钟后，没有得到回复，不耐烦再等，转而询问了其他人，结果他们成交了；另一种是询盘人问完即走，过了段时间后，等到回复后，他再回复，这样交流与沟通的时间被人为拉长很多，最后可能影响客户对服务的评价，要么得延期发货了，要么直接导致订单的流失。

例二：

Patel 2015. 09. 10 12：10：11	Thank you Lily! Bless you!
Me 2015. 09. 10 12：09：51	You are so elegant and kind. Best wish to you!
Patel 2015. 09. 10 12：09：48	Thank you! I hope that your company continues to grow! You are wonderful! Thank you for being so nice and honest and for making me feel like you care! I feel like I know you even though I have never met you and that is because of the wonderful customer service that you provide! Have a wonderful day!
Me 2015. 09. 10 12：09：46	Thank you so much! I will always do my best to provide better service and products for you! Have a wonderful day!

续表

Patel 2015. 09. 10 12：09：44	I look forward to doing business with you again, lily! I am your loyal customer! I always be good to me and I will keep coming back and be good to you!
Me 2015. 09. 10 12：09：43	Yes 1B
2015. 09. 10 12：09：43	You are welcome! I received your payment already, it's my pleasure to serve for you! I love you too!

这个例子中，卖家和买家的交流节奏非常紧凑，这样顺畅的回复沟通使得双方的情绪非常愉悦，带来的直接效果是这个客户成为忠实客户并允诺重复购买产品。

（2）所谓完整性是指在沟通时尊重客户，不但应该回复客户的表面问题，还应尽可能做到附带信息的完整性，这样才算做到真正的完整沟通。比如客户只是问了产品的价格，那么应做好提供包括产品的质量、用户回馈、关联产品、售后服务等在内的信息的一切准备。

通过一个案例就可以看出什么叫信息的完整性。一个公司，同时招进来两名员工，员工甲和员工乙。一年后的某一天，员工乙走进老板办公室，质问老板："我和甲是同时进公司的，工作也相同，可现在你却给他涨了工资升了职，我却原位没动，我没觉得我比他差在哪里。"老板停下手中的工作，说："小乙，这样吧，你先帮我办件事。你去东边市场看看有没有卖大闸蟹的。"员工乙倒也热情，二话不说奔向市场。几分钟后，员工乙又出现在老板面前，"老板，东边市场上有卖大闸蟹。""大概什么价格呢？"老板问。"哦，这个我没问，我再过去问问。"员工乙回答。又是一趟奔跑。几分钟之后，员工乙回来："老板，我问了，180 元一斤。""大概有多大呢？"老板又问。"哦，这个我没看，我再去看看。"员工乙说完就准备再跑一趟。老板止住他，说："你先坐我办公室休息一下吧。"接着老板叫来员工甲。"你帮我去东边市场看看有没有卖大闸蟹的。""好的。"员工甲答应完出去。几分钟后，员工甲回来汇报："老板，东边市场上有卖大闸蟹，我大概看了下，基本上有两种规格大小，大的半斤左右，价格是220 元一斤，小的只有不到三两，价格是 180 元一斤，我想中秋节快到了，咱们公司给客户送礼品的话，我觉得还是选择大的好一些，虽然贵了一点，但是显得大气。"老板扭头问坐在一旁的员工乙："你知道为什么你和甲同时进公司，但我给他涨薪升职的原因了吗?"很显然,员工乙看似做事情积极热情,一趟趟无效而重复的劳动,却不知道问题背后真正的潜在的问题是什么,给出的信息总是单一,无法给出完整信息,达不到解决问题的根本。

2. 电子商务与传统贸易在沟通上的不同点

(1)竞争状况不同

在传统贸易中竞争对手之间可以做一定的交流,双方通过比较,能够比较清楚地看到自己的不足和对手的实力。但是在跨境电子商务领域,成千上万的卖家每天在自己的跨境店铺里进行各种操作,竞争信息多而难以捕捉,往往难以及时对出现的新商情作出反应。

(2)沟通对象不同

传统贸易的沟通对象往往是专业的批发商,而跨境电子商务既可能是专业的批发商,又可能是数量庞大的终端消费者,这些有网上购物经验,或者愿意尝试网购的广大消费者,购物的目的是满足自己使用,因此对产品的质量及价格的要求和传统贸易会有不同。所以,在询盘沟通中应该抓住客户的群体特征有针对性地沟通。

(3)服务个性化程度不一

传统贸易往往批量较大,强调产品的标准性而非个性。而跨境电子商务中,以人为本是交流与沟通的"生命线",随着竞争的日益激烈,提供最个性化的服务,从最初的询盘到最后的下单,每一步都时刻关注着客户的心情、要求及顾虑,及时交流与沟通往往会取得较好的效果。

三、跨境电子商务中交流与沟通的原则

跨境电子商务中交流与沟通的问题更为复杂而多变,因此要把握好交流与沟通的过程管理,并遵循一定的原则。

1. 全通道原则

跨境电子商务中的交流与沟通存在于跨境电子商务的展示、洽谈和成交各个环节,因此应围绕交流与沟通理念发展跨境业务的全面传播信息体系,借助消费者的各个接触点规划全方位的业务交流与沟通。

在产品展示时,不论店铺视觉或商品描述都属交流与沟通范畴,所以在展示设计时,应全面考虑自身品牌的识别系统、品牌口号、描述的语言和风格、品牌基调色彩、品牌沟通的要素等的统一和协调性,这些应当与产品的定位以及目标客户群的偏好相一致,才能获得相对较优的交流与沟通效果。产品展示的过程就是一个无声的交流与沟通的过

程，它往往给客户留下良好的第一印象，也是客户有意愿进行业务洽谈的先决条件。

在业务洽谈时，在订单生成前，客户对商品的咨询、支付方式、物流以及其他的咨询都应及时耐心细致全面地回复，任何一个和客户的接触点都是交流与沟通的重点，客户拍下未付款，可以适当跟踪，弄清楚原因，若对方因为不熟悉跨境电子商务的交易流程，可以协助其完成流程，提供服务，促成订单；当订单生成后，无论备货细节的确认，报价和清关的咨询（图片、发票、货运方式）等，都是交流与沟通的重点内容，每一个细节处理得当都是电子商务业务成功与否的关键。

在业务成交后，应做好后期的交流与沟通，跟踪服务，并将客户反馈、客户评价以及客户回访进行及时回复，必要时进行适当的关系维系和沟通联络，业务成交后不应仅视为上一笔业务的结束，也应视为新一单业务的开始，因为业务的良好执行以及良好的购物体验，同一客户可能会重复下单，成为忠实的回头客，或者经由其良好评价和推荐（这又形成一个新的客户触点），别的客户也形成购买。这样，业务的展示、洽谈、成交就形成了一个良性的业务闭环，螺旋向上发展。

总之，无论是视觉传达、客户服务，一切客户能够到达的端口和接触点都应纳入交流与沟通的全通道内。

2. 全过程原则

交流与沟通无所不在，在跨境电子商务业务中，事前准备、事中控制、事后分析的全过程都与交流与沟通七个基本要素息息相关。

（1）事前准备

在跨境电子商务业务开展前，应做好充足的事前准备。这个准备包括平台的选择、消费者研究、社交媒体营销预热等。

首先，应对业务开展的平台进行选择，这其实就是对交流与沟通的通道进行选择，因为提供跨境电子商务的服务平台众多，在实力允许的情况，实力强的企业可以考虑选择多平台，提高品牌的曝光度，也可以树立较好的品牌形象，但是对于中小企业而言，则应集中资源，有针对性地选择合适自己的平台。因此，应该对前文所介绍的不同主流跨境电子商务平台的特点和盈利模式进行了解，这些平台覆盖的主流市场包括哪些，主要客户类型是什么，平台的规则是什么，然后将自己作为信息源进行研究，我们的产品是什么，主要适合什么样的人群，平台的运营成本是否在我们承受范围内，信息源经由这样的通道是否能够最大幅度地到达我们的目标客户群体，最后确定选择什么平台。

其次，对消费者进行研究，跨境电子商务的业务开展方作为信息源应对消费者这一接收者进行调研，通过接收者的语言、地域、气候、价值观点、思维方式、行为方式、风俗习惯、文化、消费习惯、宗教乃至国家政策、行业环境等因素进行调研，选择合适的编码方式，最大限度降低其解码难度，形成良好的交流与沟通效果。比如在国内的电子商务平台，一个服装的商品详情页里的图片可能多达几十张，我们习惯用真人模特，多场景多画面地展示服装及细节，但某些发达国家的消费者，他们更习惯简洁的风格，产品的详情页偏文字描述，图片一般不超过十张，他们强调页面打开时交互的速度，对产品信息和基本信息阅读细致，他们往往相对较为相信自己的判断，根据信息的阅读，辅以一两张图片就决定是否购买，他们不习惯真人模特，认为可能干扰他们的判断，因此针对这类市场和平台，我们在视觉传达时，对于服装可以用透明模特进行拍摄，而后抠出立体图案，让消费者自行判断，而在国内电子商务平台容易忽略的产品和基本信息的填写则应该细致准确，文字描述也应尽可能地不要有缺漏和错误，以促进成交和避免增加不必要的解释工作。应先适应对方的需求而后达到自己的需要。

最后，利用社交媒体 SNS 进行营销预热，跨境电子商务业务中利用社交媒体对自己的目标客户群进行交流与沟通，一方面通过这些平台，做产品的市场信息调研，了解潜在客户对产品的需求和喜好；另一方面可以利用 SNS 里推广我们的产品和活动，展示研发实力、生产实力、产品实力和品牌实力，适时发布促销信息，进行营销预热，带来更多的站外流量，吸引更多的潜在客户来购买我们的产品。但是，并不是所有的市场 SNS 都是有效的，要注意不同的目标市场消费者的习惯的差异。

（2）事中控制

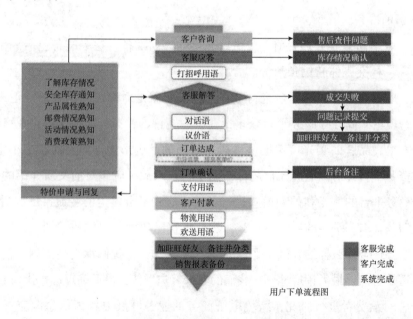

图 1-10 售前服务工作流程图

　　跨境电子商务业务中交流与沟通的事中控制需关注两个方面的工作，一方面是交流与沟通的组织实施工作可以通过建立标准化的工作流程图，辅以人性化的交流与沟通方式来提高交流与沟通效率；另一方面则是选择合适的基于互联网的即时性沟通工具。

　　事中控制主要包括对整个售前售中售后服务的工作进行控制，通过建立标准化的工作流程图（见图 1 - 10 ~ 图 1 - 16），可以避免不必要的疏漏和工作失误，利用制度来管理人，而非人来管理人，降低管理和沟通成本。

　　在事中控制中，选择合适的即时性沟通工具可以让交流与沟通效率得以提高，但选择具体工具应针对不同目标市场客户群的使用习惯来进行。

　　国外主流的基于互联网的即时性沟通软件有：

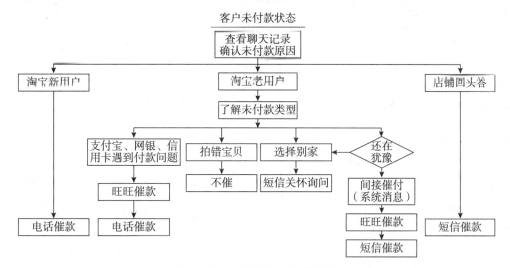

图 1 - 11　售中服务工作流程图 1

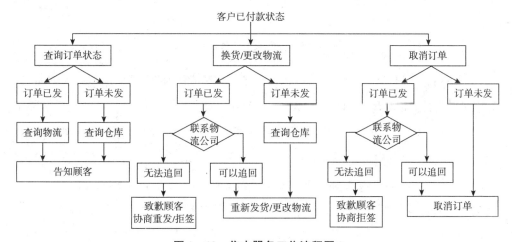

图 1 - 12　售中服务工作流程图 2

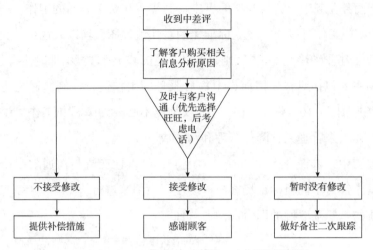

中差评处理流程图

图 1 – 13　售后服务工作流程图 1

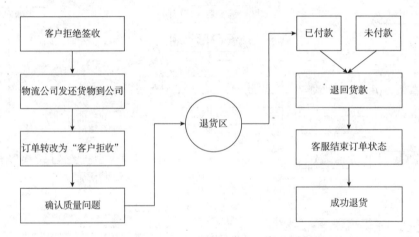

客户拒签流程图

图 1 – 14　售后服务工作流程图 2

（1）MSN：是最早的在线聊天工具之一，并且有对应的邮箱，其在世界的地位，犹如QQ 在中国的地位。但是现在 MSN 被 SKYPE 绑定了，有些地方必须得绑定 SKYPE 才能用。

（2）SKYPE：这是一款很潮流也很方便的聊天工具，除了网上聊天外，也可以语音、视频。它可以绑定你的电话，可以方便你和朋友间的联系。如果你想给远在异国的客人和朋友打电话的话，不妨试试 SKYPE。不过你得先到 SKYPE 官网，购买充值卡。

（3）Viber：其使用跟微信较为相似，较为高效快捷，用你的手机注册成功后，装上软件，同步到你的通讯录。你就可以跟远在国外的使用同类软件的朋友畅所欲言了，这个不需花费，只需流量，有 WI – FI 就免费使用。相比而言，这个工具比较流畅，不

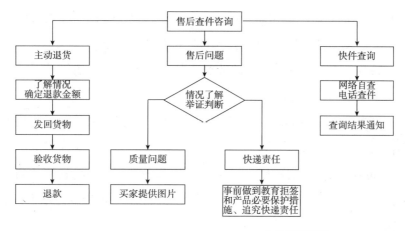

主动退货流程图

图 1 – 15 售后服务工作流程图 3

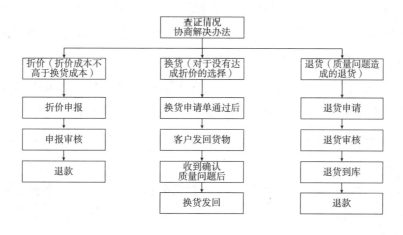

退换货流程图

图 1 – 16 售后服务工作流程图 4

受 3G 网络或者 WI – FI 的局限, 普通流量就可以拥有高音质的服务。

(4) Whatsapp: 其使用与以上三种工具相差不大, 下载后将对方的号码存到自己的通讯录, 同步之后, 就可以对话了, 使用这个工具的大部分都是中东南美人, 也有部分中国人。

(5) Facebook: 脸谱网的定位是帮助人们通过社交网站更好地联系亲朋好友, 它是以真实身份注册的人们之间的关系为基础的社交网站, 目前有超过 10 亿的注册用户。但它登录电脑必须需要翻墙软件的协助, 否则无济于事。在上面可以看到客户的动态, 有种 QQ 空间的感觉, 很是全面, 也可以跟客户连线对话, 建立群组等, 是一个不错的交友网站, 你还会看到可能认识的人, 客户的朋友你也可以加上。还可以关键词搜索, 然后加为好友, 也是非常实用的 SNS 网站。

(6) Twitter: 是非常实用的 SNS 网站之一, 其主要可以推送博文, 也有私信功能。

（7）QQ、Wechat：腾讯公司的软件，很多国外客户也在用，其微信摇一摇也别具特色，功能比较强大，也是非常实用的 SNS 软件之一。

（8）Google ＋：是 google 集团出的社交产品，其最大特色功能是圈子、敏感话题以及碰头群聊。

（9）国际版旺旺 Trade Manager：阿里旗下针对国际买卖家的沟通聊天工具，跨境电子商务必备工具。

此外，Camfrog，PalTalk，KIK，SKOUT，ICQ 等也是国外较为普遍的沟通软件。上述软件基本都有相应的手机软件，装到手机上就可以和客户随时随地联系。

（10）事后分析

事后分析是对跨境电子商务中交流与沟通时信息接受者的各类反馈进行分析整理的过程。有些显性的反馈在事中就得以解决和控制，而有些隐性的反馈是需要进行相应的大数据挖掘分析，这是客户关系管理的重要环节，也指引着交流与沟通工作的改善方向。

在事后，应对客户评价、购买记录以及买家秀进行整理。其中，通过客户的评价，可以发现客户的性格。比如若客户评价严格，还会阐释产品情况，说明其对产品要求很严格，对这部分人而言，优质优价的产品会有吸引力；根据购买记录，发现店铺的评价客单价，寻找重要的客户；整理出好的买家秀加入详情页和店铺动态，为店铺引入流量，增加转化率。

事后可以对沟通时响应的平均时间进行数据分析，还可以通过查看顾客平均停留时间的变化来观察商品视觉营销的效果，判断影响最终成交的可能性因素；应加大挖掘对其他店铺中买过 3 次或者采购超过 50 美元以上的客户，尤其符合以上条件的欧美与东南亚客户多留心；留意善于沟通和回复及时的客户，客户回复卖家每条邮件或信息在 48 小时回复都应纳入视线；发的优惠券或者折扣会记住使用；会跟你聊家常，工作之外的事情，这些客户均应牢牢抓住，时不时地和他们进行联络，使之变成固定客户。总之，事后应善于分析和总结客户的信息和需求，发掘下一步交流与沟通工作的重点。

四、跨境电子商务中交流与沟通的技巧

毫不例外，跨境电子商务中的交流与沟通也存在较多的信息失真和损耗，借助必要的沟通技巧可以获得较好的沟通效果。

1. 树立信息源的权威性、客观性和接收者的亲密性

良好的产品描述方式在跨境电子商务中往往能够获得较好的交流与沟通的效果。比如对于产品的品质，通过一些国际公认的标识在产品描述中展示（比如 Intel inside

标识的采用），提供其产品品质的权威性证明；通过技术参数的描述提高其客观性；通过普通卖家的评价提高其亲密性（见图 1 – 17）。

Go to the next level.

Powered by 5th generation Intel Core i5 processor with Intel Turbo Boost Technology 2.0, the Satellite C55 laptop is ready to handle the demands of your day. From smooth multitasking to stunning visuals, this laptop is ready to take you to the next level.

Product Information

Operating System: **Windows 10**

Technical Details

Collapse all

⊟ **Summary**

Screen Size	15.6 inches
Screen Resolution	1366 x 768
Max Screen Resolution	1366X768 pixels
Processor	2.2 GHz Core i5-5200U
RAM	8 GB DDR3L SDRAM
Memory Speed	1600 MHz
Hard Drive	1 TB SATA
Graphics Coprocessor	Mobile Intel HD graphics 5500
Wireless Type	802.11bgn
Number of USB 2.0 Ports	2
Number of USB 3.0 Ports	1

Customer Reviews

★★★★☆ 545

3.8 out of 5 stars ▾

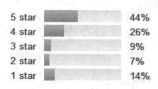

5 star	44%
4 star	26%
3 star	9%
2 star	7%
1 star	14%

Share your thoughts with other customers

Write a customer review

See all 545 customer reviews ▸

Most Helpful Customer Reviews

489 of 521 people found the following review helpful

★★★★★ **Thorough Investigation Reveals RAM **CAN** Be Expanded to 16GB, Which Impr and More! **UPDATED Win10****

By CircaRigel's Tears of the Phoenix TOP 1000 REVIEWER　VINE VOICE on May 17, 2015

Operating System: Windows 8　**Vine Customer Review of Free Product** (What's this?)
~Highlights~
!!!NOW!!! Updates on Tech Support (in addition to other updates)
***** 802.11n band wifi- no 802.11ac except via an adapter via the USB 3.0 port

图 1 – 17　树立信息源的权威性、客观性和接收者的亲密性的示例

2. 基于共同经验范围来制作信息

跨境电子商务中有痛点思维这一概念，所谓痛点思维，就是用户在使用产品或服务时抱怨的、不满的、令人感到痛苦的接触点，转化到产品上来说，就是产品的原始需求中被大多数人反复表述过的一个有待解决的问题或有待实现的愿望。这个痛点往往就是大多数人的共同经验范围，当你的交流与沟通围绕痛点的解决来展开时，其交流与沟通会变得容易。痛点思维只是利用共同经验范围来制作信息的一个示例而已，在交流与沟通中挖掘对方的经历，找到与之相类似的经验，选择对方能够立刻深有同感或者容易认同的观点入手，往往交流与沟通效果较好。

（1）选择合适的心理、时间和社会环境

在交流与沟通的时候，环境选择得当与否也会影响沟通效果，比如一般对于 B2C 而言，消费者的时间处于晚上 8：30—10：00 进行交流与沟通的效果较好，此时基本上一天的工作及家务都忙完了，处于比较自我的休闲状态，心理环境、时间环境都比较适合沟通；对于 B2B 而言，对方处于正常工作时间，其沟通效果相对较好，但一般避开周一上午和周五下午；而社会环境的选择也很重要，比如很多买运动服饰的人都有自己的圈子，自行车运动的爱好者知道什么样的自行车服能够满足他们什么需求，他们借助相应的论坛、协会和活动进行专项的推广往往会取得较好的交流与沟通效果，信息源和接收者的共同话题也容易展开，其亲密性也能得以迅速拉近。

（2）完善"倾听"技巧

诚然，作为跨境电子商务，我们并不能面对面进行倾听，借助基于互联网的即时性沟通工具，也极少采取语音和视频的方式，但是我们这里的倾听是指一种态度和技巧，保持良好的倾听习惯，充分了解沟通者的立场和观点，对于对方的留言，最重要的不是立刻马上回复，而是读懂读透对方的留言，认真"倾听"，了解对方在说什么，字里行间的真正意思是什么，潜在的需求是什么，长期的期望是什么，弄明白这些，才可以进行有针对性的回复。

在与对方进行交流与沟通时，应该选择一个相对比较安静舒适的环境，降低周围噪声的干扰，注意将自己的身体和精神调整到最佳状态，交流与沟通时保持身体的警觉，让大脑处于兴奋状态，注意避免分心的举动或者手势，对于对方提出的关键点或者需要核实的地方做些笔记，等待后期一一完成并回复。在缺失视觉和听觉的交流与沟通中，交流与沟通不够立体，显得先天不足，我们可以借助里面的表情软件及时发放表情，示意我们在倾听，鼓励对方继续留言，必要时进行复述和提问以检查自己倾听的效果，注意尽量不要中途打断对方，让对方讲完了再作出反应和回复，不要自己单方面的说，而忽略对方的说话，忘记"倾听"。当然这里大部分的"听"与"说"都是通过沟通工具中的文字和表情来完成的。

（3）合理选择"说"的方式

跨境电子商务中的交流与沟通由于主要采取文字沟通，它给了我们更多的可操作和斟酌的时间，可以避免张口就说，说出就错。但跨境电子商务中"说"的方式也是多样的，一是礼节性的交际语言，比如采用一些表达礼貌、温和、中性的表达方式来赢得好感，拉近距离；二是专业性的交易语言，比如对于涉及技术、价格条件、付款、包装、保险、运输、法律等方面，就采取规范、逻辑、明确的交易语言来简化理解、明确义务、避免纠纷；三是留有余地的弹性语言，比如对于一些暂时吃不准的、不方面当面拒绝或者接受的事宜可以利用一些富有余地的弹性语言来规避，比如说"您的提议值得考虑，不过，我需要跟我们经理进行商量，这需要为您破例了，但我会全力争取"，整体呈现一种介而不定，否而不决的特点；四是威胁劝诱性语言，可以强化自己的态度，软化对方的态度，吸引对方的注意力，比如说：谢谢您拍下了该产品，您挺有眼光的，这是我们双十一才能享受到的价格，但是离活动结束只有 1 个小时了（威胁语言），您是现在付还是有什么流程需要我协助的（劝诱语言）？五是幽默诙谐的语言，通过使人发笑的方式表达自己的友好善意，达到让双方放松，拉近距离的目的。将这些语言类型根据对象、话题、时机、目的、气氛和双方的关系来合理组合应用，往往会获得较好的"说"的效果。

在交流与沟通中，说服对方也属于"说"的范畴，可以注重说服的顺序，采用先易后难的方式让对方逐步接受，或者难易结合的方式，让对方在有点难和非常难的方案中选择一个，这往往比单独说服对方接受那个有点难的方案要容易得多，当对方征询你的建议的时候，应透彻分析利弊，让你的建议显得客观而且合乎情理，利用对方的求易心理，可以事先准备好格式合同，让对方不好意思轻易改变其中的某些条款。

此外，在表达时用语清晰易懂、注重逻辑性、言简意赅、礼貌用词都是基本要求了。总之，利用文字进行"说"也是讲求方式和方法的。

（4）完善提问和回答的技巧

在跨境电子商务中，所有的"提问"不外乎为了达到获取需要的信息、透露自己的意图、引起对方的注意和思绪的活动等目的，为了达到良好的交流与沟通效果，应灵活采取闭合式提问（在限定答案范围内进行选择，如选择题）和开放式提问（答案不可控，如问答题）两种提问方式，在信息掌握较全时采用前者，在不太了解对方想法时用后者。若可能，最好预先准备好问题，注意采用先易后难的提问次序，问题应该简明扼要，偶尔明知故问来检测对方的诚意，偶尔利用沉默的力量来给对方造成压力，可以持续追问和迂回提问。

在回答时，可以准备充分，要求对方再次阐明问题（比如，抱歉，您是想问？），偶尔打岔赢得思考时间，在没有弄明白哪些该说哪些不该说之前，不要确切地回答问题，不要彻底地回答问题。比如当客户询问你，能否 Drop Shipping 时，你第一反应不是想到操作的麻烦，而是应该问对方"您大概准备定多少货"，根据对方的回答来相机决策，避免错失抓住大客户的机会。

总之，跨境电子商务中所有的交流与沟通，都要适时因人因情况进行调整的，应让你的文字生动起来，形成有效的交流与沟通。

 思考与练习

1. 简述沟通的过程和沟通的七要素。
2. 简述有效沟通的障碍和解决。
3. 简述跨境电子商务主流出口平台及特点。
4. 简述跨境电子商务的发展趋势。
5. 简述跨境电子商务与传统贸易沟通的异同。
6. 简述跨境电子商务中交流与沟通的技巧。

第二章 跨境电子商务店铺视觉与商品描述沟通

从目前的网络技术发展水平来看，客户对网上商品主要是通过文字描述和图片展示来了解，这有别于实体店铺，客户可以与商品展开直接接触。因此，跨境电子商务店铺的客户吸引力主要通过色彩、图像、文字、布局等视觉效果和商品描述的合理运用来实现的。而跨境电子商务的视觉效果主要涉及色彩、店铺招牌、商品分类、促销设置等内容；商品描述则主要是关于商品的图片展示和文字描述。

第一节 跨境电子商务店铺视觉沟通

所有的跨境电子商务平台都会为每个店铺提供一组可编辑的页面系统，卖家可以在这些页面上编辑相关内容和信息、发布和改变背景图片或商品样图，以达到让店铺更加丰富美观的效果，从而最大限度的吸引消费者浏览和购买。

伴随着互联网经济的飞速成长和经济全球化浪潮的不断演进，通过跨境电子商务平台实现商品交易越来越频繁，这使得消费者在面对越来越庞大的商品信息量时会感到混乱和无从下手，因此，优秀的跨境电子商务店铺视觉展现对提高本店铺的易用性和网络辨识度，对实现跨境电子商务店铺的高效运作具有重大的实际意义。

一次完整的跨境电子商务的店铺装修过程，就是制作一个独特的电子商务店铺视觉识别系统的过程。卖家可通过整个视觉页面的分模块设计，主要包括一系列店铺装修设计的系统形象，形成规范化设计和规范化管理，让自己店铺装修设计的识别系统高度区别于其他店铺，从而提升店铺的整体形象，让客户在浏览跨境电子商务平台的时候就对自己的店铺印象深刻，同时在线下很容易回忆起自己的店铺。

电子商务店铺的装修设计不仅是一个视觉图案设计，而是创造出一系列具有商业价值的视觉冲击，并兼有艺术欣赏价值，它是跨境电子商务店铺视觉识别系统的主体。其内容主要包括：店铺标识、店铺公告栏、商品分类栏、参数介绍栏、客服栏、联系方式名片、关键词设置、信用评价区、店铺内促销区等。

一、店铺标识

店铺标识是一个电子商务店铺最明显的标识，其风格和设计元素都要和整个店铺基调统一。可识别性是电子商务店铺最主要的功能，在激烈的电子商务竞争环境下，客户面对的店铺众多，各种标识符号数不胜数，只有特点鲜明、容易辨认和记忆、含义深刻、造型优美、视觉冲击强的店铺标识，才能在同业中突显出来。它能够使自己的店铺区别于其他店铺、商品或服务，使客户对店铺留下深刻印象。

店铺标识通常可以分为三大类，第一类为商标状店铺标识；第二类为广告横幅状店铺标识；第三类为上述两者的结合，称为商标——横幅状店铺标识。不同的跨境电子商务平台，所提供的店铺标识模板不尽相同。

倾向于简约页面风格的电子商务平台，多采用商标状店铺标识，即设计一个能代表店铺或具有某种象征意义的视觉形象。其优点是：设计简单；不占用过多的页面空间；不容易和电子商务平台以及店铺的整体风格发生抵触。缺点是：往往难以给快速浏览页面的客户留下深刻的印象；传递和承载的信息量过少。

而倾向于强视觉对比的电子商务平台，多采用广告横幅状店铺标识，与商标状店铺标识不同的是，其并不设计一个孤立的视觉形象，而是设计一条包含广告语、主营商品、横幅。其优点是：视觉冲击力大，能给客户留下深刻的印象；较大的面积可以承载和传递更多的信息量；广告与标识合二为一。缺点是：设计难度高于商标状店铺标识；设计不当容易使整个店铺页面显得杂乱无章。

部分卖家也会将上述两种店铺标识结合在一起设计，这有利于集中两者共同的优

图 2 - 1　商标状的店铺标识

点，进一步向客户传达鲜明独特的店铺形象，达成差异化目的。这种店铺标识的缺点是：设计难度大；设计成本较高。

图2-2　广告横幅状的店铺标识

图2-3　商标——横幅状店铺标识

二、店铺公告栏

店铺公告栏是一组可供编辑的页面区域，卖家在各区域可以编辑文字、图片、动画等元素，定期更新店铺的信息和信誉情况、促销情况、主营商品的情况等一系列与店铺经营有关的信息，清楚地传达卖家想要客户在第一时间了解的店铺最新动态。

图 2-4　一个推荐店铺主营商品的公告栏

三、商品分类栏

商品分类是指为了便于商品管理，方便用户查找，根据商品的属性或特征，将商品进行归类和汇集的方式。而商品分类栏则是一组可供编辑的商品分类页面系统。一家跨境电子商务商铺所销售的商品往往不是单一品种的，因此商品分类栏就成为商品系统化列表的重要手段，是卖家希望能够呈现给客户最佳的店铺商品结构表现。同时也是引导客户正确获得商品信息的主要途径。除此之外，商品分类栏还是告知客户本店铺基本定位的重要途径之一。

对于 B2C 的销售模式，客户购买的目的性很强，相对比较理性。所以店铺的商品分类，是提供正确快速导航的关键通道。依靠商品分类可以准确引导购物目的性较强的用户快速准确找到所需商品。并且可通过适当诱导，获得更多点击与浏览次数，使店铺赢得更多订单转换率。

目前，国内外主要跨境电子商务平台为网上店铺所提供的商品分类方式主要有两大类：按品牌和商品属性分类。同时经营多品牌的店铺，可以按照品牌的不同对商品进行区分，但又需要以某种形式展现出它们的关联，并提供导航和层级下拉按钮，以方便客户查找。经营某一大类商品的店铺，可以按照商品的属性对商品进行区分，最常见的有：参数型号、颜色、风格、适用人群等。

图 2 - 5 将店铺商品按品牌分类

图 2 - 6 将店铺商品按属性分类

四、参数介绍栏

打造高转化率的电子商务店铺，离不开翔实的商品参数描述，一般而言，商品的主要参数包括五项基本内容：

（1）商品名称，即规范的某个单独小类商品的准确名称或其标准的英文翻译名称。要注意名称翻译过程中的准确性和通用性，避免使用准确而不常用的称呼，而产生不必要的歧义和语言障碍。如豆腐的英语标准称谓是"Beancurd"，而事实上英语国家一般直接称豆腐为"tofu"。

（2）商品规格，即反映商品性质、性能、品质的一系列指标。如等级、成分、含量、纯度、颜色、大小（尺寸、重量）等。商品规格和主要参数要规范准确详尽，这样才能确保客户真实的了解商品的详细情况。

（3）商品适用范围，即商品的使用条件和使用禁忌，即商品应当在何等条件下使用，以及使用的注意事项和安全要求等内容。

（4）商品适用人群，即某一类对该商品有实用需求或潜在使用需求的人，可以按性别、年龄、职业等相关社会条件进行编辑。例如，一家化妆品电子商务店铺，可以同时按性别和年龄进行适用人群编辑，可以划分为女性化妆品、男性化妆品、中老年化妆品等。

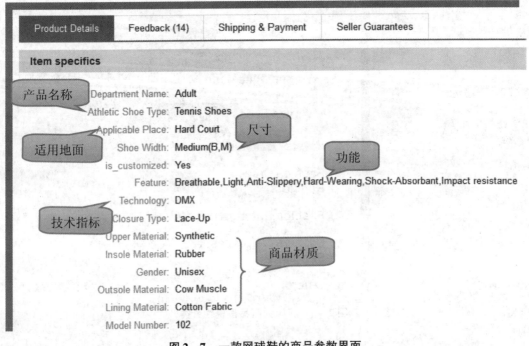

图 2-7 一款网球鞋的商品参数界面

（5）商品的主要功能，这里主要指商品实用的功能，即商品的使用价值和能满足人们消费商品时的实用性动机及其满足的程度。例如，某防晒霜的防晒效果，或者某款染发剂的效果持续时间。这往往是人们在购买中首先考虑的基本因素。

需要注意的是，上文所列的仅为一般情况下的参数栏包含项，而非必须的包含项。因此，不同的商品在编辑商品参数介绍栏时，可以有针对性的进行取舍或重点突出。

五、客服栏

通常一个跨境电子商务平台会为每一个店铺提供一个自己本平台的聊天软件和沟通系统，用于承载客户投诉及订单业务受理，如新增、补单、调换货、撤单等，卖家还可以通过电子商务平台的聊天软件和相关沟通渠道获取参与客户调查，达到店铺卖家跨时空与客户直接联系的服务目的。

一般情况下，跨境电子商务平台会为客服栏设计两个子系统：即时聊天工具和留言板。即时聊人工具用于卖家和客户日常在线的交流和交往，但是由于跨境电子商务巨大的时间和空间跨度，买卖双方即时交流的可能性被大大降低。为了弥补这个天然不足，跨境电子商务平台会同时为店铺制作一个留言板系统，用于异地和大时差交流。客户可以在留言板将自己需要咨询的事项告知店铺，店铺会在下次登录跨境电子商务平台时，看到这些留言并进行相应的处理。

不过不是所有的电子商务平台的客服栏都同时配备上述两个子系统，如 eBay 的客服栏只存在一个留言板系统。

图 2 - 8　速卖通的客服栏

向卖家提问（留言板）

图 2 - 9　eBay 的客服栏

六、联系方式名片

联系方式名片是一组可供编辑的信息栏，在这里卖家可以根据需要和自身的实际情况，编辑卖家信息，形成网页名片。这既是卖家获取客户信任的重要途径，又是卖家与跨境电子商务平台达成互信的主要方式。一般情况下，其主要内容需要电子商务平台参与审核。

联系方式名片中的主要内容有：

（1）店铺名称和店铺标识：可以是显示在名片与店铺首页的自定义虚拟名称，一个有创意的虚拟店铺名称可以很好的形成店铺视觉影响力，从而吸引客户，提高成交的可能性。如果店铺的经营者为一家真实存在的公司，则需要如实填写公司在当地工商管理部门所注册的真实名称或法定名称。

（2）店铺类目：即店铺销售的主要商品和主营业务，一般情况下平台会允许多次修改。主营商品一般不要描述得过于复杂和详细，也不要进行简单的商品罗列，在客户快速浏览的情况下，过于冗长的商品罗列，不利于给客户留下深刻的商品印象，造成客户对店铺的认知模糊或认知歧义。在此处，店铺应当该按照一定的逻辑顺序进行商品的归类汇总，做到清晰、简明、准确，以求给客户留下最深刻的店铺印象达到最优的视觉营销目标。

（3）联系地址：一般情况下，就是店主所在经营地的地址。由于跨境电子商务平台的特殊性，一般情况下会要求卖家从国别、城市、街道等条目分别列出详细的地址。

（4）经营方式：一般情况下，跨境电子商务平台的大部分店铺都是销售型店铺，即卖家所销售的商品并不是自己生产的，而是有其他正规的进货渠道。不过也有例外，个别电子商务平台，如亚马逊，存在生产企业直营和电子商务平台本身自营商品的情况。

（5）国际邮编：即与地址所在地一致的国际邮政编码。

（6）联系电话：附带国际区号的一组或几组固定电话号码或移动电话号码，确保大部分时间保持畅通，比如工作时间或非节假日。

（7）电子邮箱：即店家经常使用和登录的电子邮箱地址，确保能够及时阅读和反馈客户发来的电子邮件。需要注意的是，电子邮箱最好选在各国都设有服务器的国际电子邮箱，如 google 的 gmail 信箱、微软的 hotmail 信箱，世界各主要国家对其域名都予以承认，网络接口无缝，收发电子邮件比较安全方便。需要注意的是，由于国别和语言障碍，电子邮件在跨境电子商务中是比电话更为重要的联系方式。

（8）店铺主页：即店铺在本跨境电子商务平台的主页地址及其超链接，方便客户第一时间链接到店铺主页或收藏店铺主页便于日后搜索和查询。

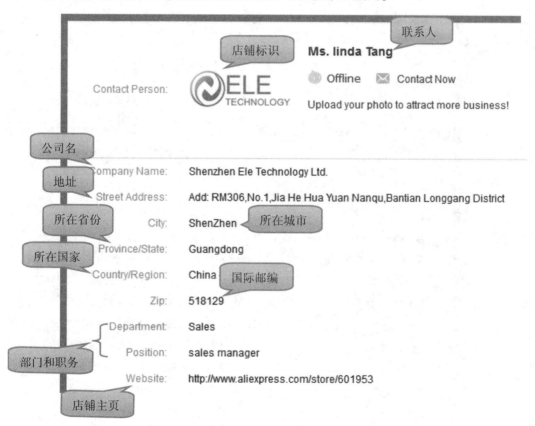

图 2-10 一个数码商品公司在某跨境电子商务平台的店铺名片

（9）部门、职务、联系人：即在公司制的店铺经营中，主要联系人所在的部门，所担任的职务及其称呼。

七、关键词设置

在不违反跨境电子商务平台相关规定的情况下，使商品名称和描述中尽量多的包含热门搜索关键词，但关键词必须跟商品存在某种内在关联。尺量多包含热门搜索关键词，能增加商品被搜索到的概率，自然也增加了成单的概率。大部分跨境电子商务平台的关键词库是不会直观显示给卖家的，而是需要店铺卖家在大量的实践中摸索和积累。大部分跨境电子商务平台会按照关键词的相关度排名，即所包含的关键词及属性与客户输入的搜索关键词匹配程度越高，在搜索页面的排名越靠前。高匹配的搜索关键词可以直接带来大量的客户浏览量，并且其中相当高的比例时精准的优质客户，成单率较高。

下面列出几条撰写商品关键词的基本技巧：

（1）商品的关键词不能让人产生歧义，应该准确而且简单明了，让客户能够在短

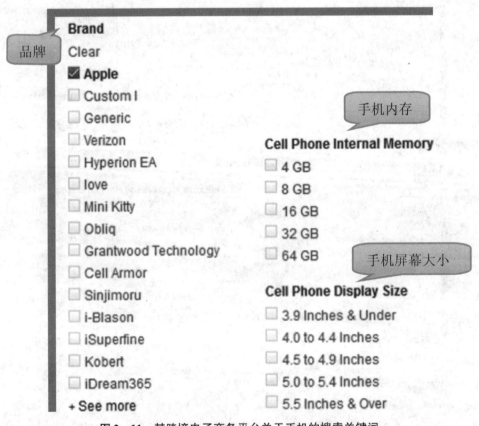

图2-11　某跨境电子商务平台关于手机的搜索关键词

暂的浏览时间内轻松读懂。

（2）如果商品有不同的称呼，就都标记为关键词，完整全面的标题能够让买家更清晰的解读，并且商品也更容易被搜索到。

（3）由于电子商务的客户浏览速度极快，经常是一扫而过，因此关键词较多时，可以适当采用粗重的字体，同时由于关键词比较长，使用分隔符可以让关键词看起来不冗长，容易理解，增加可读性。

需要注意的是，世界各大电子商务平台对于滥用关键词的行为都是严厉禁止和打击的，常见的滥用关键词的行为如下：

（1）在商品的标题或描述中使用与商品属性不相符或没有直接关联的关键词。如使用普通 MP3 产品，但使用了 Cellphone 的关键词。

（2）在商品的标题或描述中使用了非该商品生产或制造公司使用的特定品牌名称。如 Nokia 手机，却在关键词中加入了"iPhone"的关键词。

（3）在商品的标题中使用与其他商品或品牌相比较的词语。如一款手机采用"asi-Phone"这样的关键词。

（4）设置"最便宜""最好""最优质"等最高级词汇作为关键词。

（5）将赠品、减价等促销信息设置为关键词。

八、信用评价区

信用评价，是指交易的买卖双方在订单交易结束后对对方信用状况的评价。各大电子商务平台都设有自己的店铺评价体系，用于客户在购物时对店铺进行评价和店铺自身的信用累积。信用评价管理系统的意义在于：由于跨境电子商务中，交易的买卖双方在时间和空间上存在巨大的差异，因此卖家需要取得客户对其履约能力的信任才能使交易得以顺利进行；而站在买家的角度，要在众多的卖家店铺中进行甄别和筛选，找到信用好的店铺，并与之发生交易行为；站在第三方跨境电子商务平台本身的角度考虑，一个科学合理的信用评价管理系统，对于其维持正常的运营秩序，掌握在线店铺情况，淘汰和筛除不良信用店铺起到了至关重要的作用。

通常，信用评价包括评分和评价两部分。

信用评分一般采用买家分项评分的方法，即买家在订单交易结束后以匿名的方式对卖家在交易中的行为做出分项评价，是买家对卖家的单向评分。信用评价则是买方以公开 ID 的形式，对买家或其商品进行文字评论。

卖家对电子商务店铺信用的评分主要分项包括：

（1）卖家对商品的如实展示和描述；

（2）卖家对商品质量、物流配送或退换货承诺的如实履行；

（3）卖家服务态度及回应速度；

（4）商品到货时间的合理性。

所有的电子商务平台都将信用评价的主动权放在客户一方，因此店铺不能主动操作并改动自己的信用评级。但由于信用评级能直接影响客户对店铺的整体印象，因此任何一家跨境电子商务店铺，都会尽可能的通过对客户施加影响来提高自己的信用评级。

但需要注意的是，有相当一部分客户不会给店铺作出任何评价，这并不代表客户对店铺的服务不满意，而是这部分客户只在非常不满的情况下，才会对一家店铺作出批评性评价。类似于一家餐馆的客户意见簿，批评往往多于表扬，原因并不是这家餐馆真的存在很严重的问题，而仅仅是因为大量的对餐馆满意的客户，在用餐结束后没在意见簿上给出任何意见就离开了。对这一类客户，店铺应当采用一定的物质刺激，引导其给出积极评价，如适当的折扣、返现、赠品等。

常见的导致顾客给出负面信用评价原因通常包括：

（1）缺少零件或数量不足。

（2）在运送途中损坏。

（3）商品质量问题。

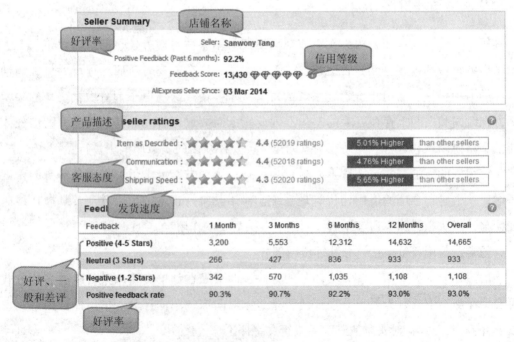

图2-12　某跨境电子商务平台的信用评价界面

（4）商品过期失效。

（5）物品与图片描述不符。

第二节　跨境电子商务商品描述沟通

商品描述是跨境电子商务业务中针对商品的首个交流环节，给客户留下的是第一印象，对于业务的成交具有十分重要的作用。

图 2 - 13　有文字描述的推荐商品描述　　图 2 - 14　无文字描述的推荐商品描述

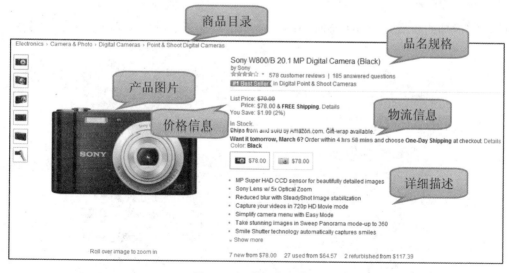

图 2 - 15　详细商品描述

商品描述一般包括图片（或视频）和文字两部分构成。图片（或视频）给客户以感性认识，好的图片带来好的视觉冲击感，会大大提高客户的点击率；文字则是对商品及服务的详细描述，是提高客户购买转化率的关键。

商品描述根据所在位置不同又分为推荐商品描述和详细商品描述。推荐商品描述是指出现在跨境电子商务网站推荐页面的商品描述，这类描述往往突出图片或视频的功能，文字部分往往十分精炼，通常只包括品名、价格和推荐程度的相关内容，甚至没有文字描述。详细商品描述则描述较为完整，除了图片或视频外，还包括商品目录、商品名称、商品介绍、客户考虑因素等。

需要注意的是，所有跨境电子商务平台均要求卖家对商品的基本属性、成色、瑕疵等必须说明的信息进行真实完整的描述。

一、图片描述

跨境电子商务中的商品图片是给客户的第一印象，一张漂亮的商品图片可以直接刺激到客户的视觉感官，让客户产生了解的兴趣和购买的欲望，因此做好商品图片对商品的销售具有十分重要的意义。

跨境电子商务商品图片通常是由多张照片构成的，以满足消费者从不同角度观察商品的需求。其中顾客能在搜索结果和浏览页面上看到的图片叫作主图，它是顾客看到关于该商品的第一张图片，在店铺内能看到的其他图片称作副图。照片的分辨率一般不能小于 400×400。

一张成功的商品图片与拍摄时的环境选择和布置密不可分，下面介绍几种常用的拍摄技巧：

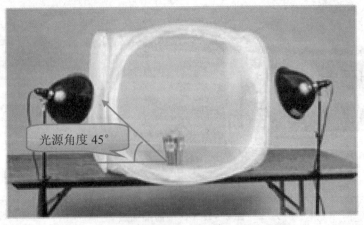

图 2－16　光源与被拍摄商品的最佳角度举例

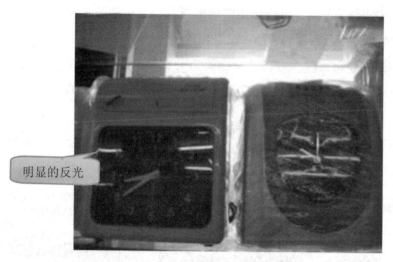

图 2 - 17　逆光拍摄的采光不均效果

1. 注意拍摄时光线是否充足，并确认整件物品都能均匀采光

（1）光源的角度很重要，最佳的光源角度为：光线与被拍摄商品的角度呈 45°，这个角度最有利于减少阴影的产生。

（2）如果要选用自然光，拍摄时间可以选择在 7 时—9 时和 15 时—17 时之间，这段时间光线相对柔和，可以有效减少阴影，商品图片不易失真。

（3）要逆光拍摄，这样会造成采光不均。

2. 不同的商品需要不同的背景来展现

图 2 - 18　干净整洁的商品（沙发）拍摄背景

（1）拍摄小件物品时，可以选用素色的背景，能让物品更加显眼。如素色的背景布或浅色的壁纸。颜色较暗的物品，最好使用纯白的背景。

（2）拍摄大件物品时，应选择干净简洁的背景，以免杂乱的拍摄背景喧宾夺主，这样不但会分散买家的注意力，还会让买家弄不清实际要出售的是什么商品，从而影响了商品的展示效果。

（3）可以根据商品使用效果的需求，利用背景或者周边环境来衬托商品，提高商品的视觉效果。

图 2 - 19 利用背景展示商品的使用效果

（4）木地板对大、小型物品都是很适合的拍摄背景。

需要注意的是，以上所述的是商品图片拍摄的一般技巧，而不同的跨境电子商务平台都对商品图片有自己各自的具体要求，在实践时需要遵守各电子商务平台的规定和要求。

3. 拍摄时要突出商品的重点

（1）想要重点突出商品的性能参数和属性，建议每个商品单独拍摄，保持单一的摆放，同时背景保持一致，利用微距功能，将其拍摄清楚。

（2）图片中的物品尺寸必须够大，以便清楚显示物品的细节。条件允许的话，就让物品占满整个图片画面。

图 2 - 20 借助液体和 PS 技术，展示玻璃器皿的通透视觉效果

（3）想要重点突出商品的材质等特点，如玻璃器皿，可以在玻璃器皿内盛装液体，展示玻璃的通透性，还可以利用倒影板，产生折射的效果，或直接利用 PS 技术，买花商品背景。

（4）有需要，也可以加入物品比例的图示。

（5）拍摄时也可以巧妙的使用道具，用来介绍商品的用途，丰富图片内容。

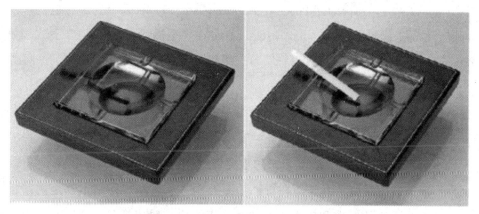

图 2 - 21　借助道具来展示商品用途

（6）如果物品有瑕疵、磨损或破裂，务必用图片将这些物品状况显示出来。

4. 将相机的像素设为中等（例如 1024×768），不但可以确保图片像素，也可加快图片网站的上传时间，更方便进行图片编辑。

二、文字描述

跨境电子商务中的文字描述通常包括商品目录、品名规格、价格信息、详细信息。

图 2 - 22　手机保护贴膜在 eBay 中的目录

1. 商品目录

商品目录是消费者查找该商品信息的索引。通常跨境电子商务平台会在卖家建立目录过程中给予一定的引导。常见的商品目录一般分为三级目录或四级目录，例如手机保护贴膜在 eBay 中的目录为：

CellPhones&Accessories > CellPhoneAccessories > ScreenProtectors

即该商品的一级目录为"CellPhones&Accessories（手机及周边商品）"＞二级目录为"CellPhoneAccessories（手机周边商品）"＞三级目录为"ScreenProtectors（屏保商品）"。

2. 品名规格

品名就是商品的正式名称，规格则是商品的细部特征，如长度、大小、颜色、重量等。品名规格是卖家在跨境电子商务中对商品的简单介绍和一般描述，是跨境电子商务平台进行商品分类、制作商品目录的重要依据。

通常情况下，由于商品的属性和特征千差万别，品名和规格基本都是卖家自行编辑，不存在一成不变的标准和模板。例如，手机规格一般包括：上市时间、内存、屏幕尺寸、触屏类型、核心技术等；服装规格一般包括：尺码、颜色、面料、品名规格，编辑的旁边最经常伴随的是该商品的标准图片。

图 2 – 23　iphone5c 的品名规格

3. 价格信息

商品的价格信息指电子商务店铺关于价格标注和构成的信息，通常还包括折扣信息、运费信息、物流信息等。

不同电子商务平台价格信息的构成方式有固定定价和拍卖定价两种。一般情况下，日成交量较大但单价较低商品的店铺，采用固定定价，如服装、鞋帽、玩具等。而日成交量较小但单位价格较高商品的店铺，采用竞拍定价，如照相机、电脑、手机等。

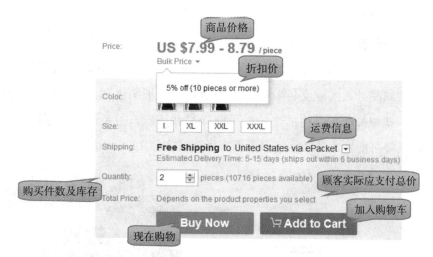

图 2 – 24 速卖通某店铺 T 恤衫的价格信息

图 2 – 25 eBay 的某店铺照相机的价格信息

4. 详细信息

商品的详细信息是指跨境电子商务店铺内关于某商品最为详细的一系列声明和协议要约条款，如商品介绍、付款条款、物流运输条款、发货条款、退换货条款等。

这也是某商品进入实际支付阶段时，消费者会详细阅读和弄清的部分。因此，商家必须将商品和相关条款要约描述的尽可能详尽和清晰，避免恶意的隐瞒、欺诈、语焉不详、歧义等可能发生的文字错误，切实做到诚实信用。

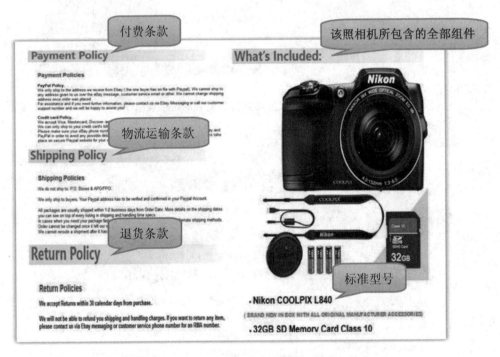

图 2 – 26 eBay 某店铺内某款照相机的详细信息

第三节 跨境电子商务店铺视觉与商品描述沟通实战

一、亚马逊商品描述实训

一个中国卖家想借助亚马逊销售一款手机数据线，他完成商品描述的基本流程如下：

1. 拍摄并上传商品图片

该中国卖家首先应该拍摄一组清晰、易懂的手机数据线图片，并选择其中图片信息最明确和看上去最吸引人的图片作为该手机数据线的主图，其余图片作为副图。

该中国卖家在亚马逊上传的手机数据线图片需要遵守的具体规定如下：

（1）图片必须准确代表商品，而且只能展示正在出售中的商品。

（2）无论主图还是副图，都必须采用纯白色背景，商品详细页面的"加成色值（RGB）"设定为255，255，255。

（3）主图必须展示真实的商品，不允许采用动画、图像或者插画形式；图片内容不得同时包含该商品的配件、小道具、赠品等，与主商品无关或仅存在间接关系的物品；商品图片中不得包含文本、标识、水印和插画。

（4）商品必须占图片面积的85%以上，具体到数据线这类商品，其覆盖或圈占的面积不得低于上述规定。

（5）服装、饰品、鞋靴、箱包等类目商品像素必须在1001×1001以上，这可以让商品图片在亚马逊的网页上有变焦缩放功能。其他商品，如该手机数据线的图片像素不得低于500×500。

（6）亚马逊接受JPEG、TIFF、GIF图片格式，首选是JPEG。

（7）亚马逊可以接受平铺的图片和真人模特的商品图片，但不能侵犯模特本人的肖像权。

（8）单张图片不能多视角呈现商品，单独销售的同款不同颜色商品需要分开展示。

图2-27 该手机数据线在亚马逊的主图

2. 目录选择

亚马逊手机数据线的商品目录为一个二级目录：

一级目录：Cell Phones&Accessories（手机和周边商品） > 二级目录：Cell Phone Cables（手机数据线）

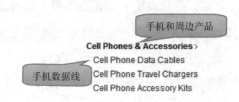

图 2 - 28　该手机数据线所在的目录

3. 品名描述

要描述手机数据线标准的英文商品名称以及英文型号等，手机数据线颜色较多，要附带色彩说明。品名描述中要附带手机数据线的英语核心搜索关键词，以方便顾客搜索。

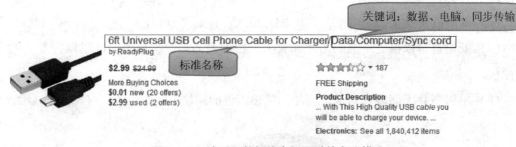

图 2 - 29　该手机数据线在亚马逊的名称描述

4. 价格描述

该手机数据线的挂牌价格为 19.99 美元，通常价格为 16.99 美元，当前销售价格为 9.99 美元，同时说明采购金额在 35 美元以上包邮。为进一步刺激客户的消费欲望，客户计算出了客户节省的金额 10 美元（50%），如图 2 - 30 所示。

List Price: $~~19.99~~
Price: $~~16.99~~
Sale: $9.99 & **FREE Shipping** on orders over $35. Details
You Save: $10.00 (50%)

图 2 - 30　该手机数据线在亚马逊的价格描述

5. 物流描述

该手机数据线的重量需按照西方习惯，采用"磅"为单位。如图 2 - 31 所示，该手机数据线的起运重量为 0.3 磅。之后以链接的形式，用英语详细描述物流的相关条款和资费标准。

Product Details

Color: 6 Foot

Product Dimensions: 72 x 0.1 x 0.1 inches

起运重量：0.3 磅

Shipping Weight: 0.3 ounces (View shipping rates and policies)

ASIN: B009XHEWWI

Average Customer Review: ★★★☆☆ ☑ (187 customer reviews)

Amazon Best Sellers Rank: #6,111 in Cell Phones & Accessories (See Top 100 in Cell Phones & Accessories)

Would you like to **give feedback on images** or **tell us about a lower price?**

图 2-31 该手机数据线在亚马逊的起运重量

由于跨境电子商务涉及的国家众多，同一商品发往不同地区会带来巨大的资费差别和物流方式差别，因此跨境电子商务的物流描述相较于一般的内贸电子商务有着巨大的差别。通常亚马逊会按照国别、发货流程和包装条款说明，进行编辑物流描述信息。卖家可以将手机数据线的物流信息按照：美国地区、美国以外地区、发货包装说明、发货说明和其他条款进行分别编辑。

发货包装说明

WHERE'S MY STUFF?

Track Your Package
Find a Missing Package That Shows as Delivered
Sign Up for Shipment Updates via Text for a Specific Package
>More About Tracking Your Order

SHIPPING RATES & TIMES

其他国家和地区

美国地区

U.S. Shipping Rates
Global Shipping Rates
Seller Shipping Rates
More Shipping Rates & Times

发货说明

其他

图 2-32 该手机数据线在亚马逊的物流描述

需要注意的是，大部分跨境电子商务平台都只支持航空物流方式，目前全世界主要跨境电子商务平台所认可的航空物流公司主要有：UPS、DHL、FedEx、TNT、EMS以及香港邮政航空包裹服务等。

6. 详细描述

对该手机数据线的性能、参数、尺寸、功能、使用方法等进行详细标准的英语描述。

Product Description

Plug it into a USB port, select the right end to use and charge away....

Compatible Phones Include:

SE01-Sony Ericsson
C702,C902,C905,G502,G700,G900,K330,K530,K550,K660,K770,K800,K810,R306,S500,T303
610,W660,W760,W880,W890,W902,W910,W980,Z555,Z750,Z770,Z780,F305,G705,R300

图 2 - 33　该手机数据线在亚马逊的一部分详细描述

二、eBay 商品描述实训

一个中国卖家想在 eBay 销售一款数码照相机，他完成商品描述的基本流程如下：

1. 拍摄并上传商品图片

数码照相机类商品是由多个组件组成的，该中国卖家可以拍摄并上传至少一张包含该照相机所有组件的照片。由于在同一张图片中同时拍摄所有组件存在一定难度，该卖家可以考虑采用一定的技术手段或软件对该商品图片进行组织和整合，如图 2 - 34 所示。

图 2 - 34　该相机在 eBay 的主图

除此之外，该中国卖家在 eBay 上传的手机数据线图片需要遵守的具体规定如下：

（1）图片最长边最少要达到 500 像素，eBay 官方推荐的为 1600 像素。

（2）图片中不能有边框和文字。

（3）图片中可以包含水印，但有面积不能超过图片的 5%，透明度也不能影响图片的整体质量，如遮挡商品、导致图片模糊等。

（4）二手商品不能使用 eBay 的目录图片（catalogstockphoto），音像（media）类商品除外。

2. 目录选择

eBay 数码相机的商品目录为一个二级目录：

一级目录：Cameras&Photo（相机和照片）＞二级目录：Digital Cameras（数码相机），如图 2 -35 所示。

图 2 -35 eBay 的数码照相机所在的目录

3. 品名描述

编辑该数码照相机标准的英文商品名称以及英文型号，在 eBay 的品名描述中体现数码照相机的多组件属性。

图 2 -36 数码照相机的名称描述

4. 价格描述

在 eBay 卖家可以采取一口价或竞价两种形式销售商品，这里卖家采用竞价的方式销售这款照相机，该数码照相机的起拍价可以设置的为一个略高于成本价的价格。该款照相机的起拍价格为 556 美元，之后卖家需要设置一个竞价结束的倒计时，在倒计时范围内，无人问津的商品可以重新设定起拍价和倒计时，也可以转为一口价销售。

买家在 eBay 的竞拍是这样的，买家告诉 eBay 一个可以接受的最高价，由 eBay 竞拍系统根据当前的价格自动出价。假设当前价格是 556 美元，买家能承受的最高价位为 600 美元，则 eBay 自动竞价给出一个高于 556 美元且小于等于 600 美元的价格。当另外买家出价超过当前买家的竞价时，eBay 竞拍系统会自动再次加价，直到价格高出当前买家能承受的最高价，即 600 美元时，当前买家停止竞价或设置新的最高出价，而另一买家继续参与竞价。

图 2-37 某数码照相机在 eBay 的价格描述

5. 物流描述

eBay 可以自动搜索并定位买家所在的国家或地区，并计算出运费和进口关税，卖家需要编辑能包装说明条款、预计到货时间和其他必要说明，如图 2-38 所示。

图 2－38　某数码照相机在 eBay 的物流信息

6．详细描述

卖家编辑该数码照相机的详细信息，如图 2－39 所示。

Item specifics

Condition:	New: A brand-new, unused, unopened, undamaged item in its original packaging (where packaging is ... Read more	Brand:	Nikon
Battery Type:	Lithium-ion	Model:	D5300
Color:	Black	Series:	Nikon D
Bundled Items:	LCD Screen Protector, Lens Cleaning Kit, Memory Card, Memory Reader, Strap (Neck or Wrist), Tripod	MPN:	1519
Connectivity:	Component, HDMI, USB	Type:	Digital SLR
Manufacturer Warranty:	Yes	Megapixels:	24.2 MP
Features:	1080i HD Video Recording, 720p HD Video Recording, Body only, Built-in Help Guide	UPC:	018208015191

图 2－39　该数码照相机在 eBay 的详细信息

三、速卖通商品描述实训

一个中国卖家想借助速卖通销售一款男士 POLO 衫，他完成商品描述的基本流程如下：

1．拍摄商品图片并上传

速卖通对于商品图片一致没有特殊要求，因此该卖家可以相对自由的选择商品主图，以达到最佳的商品视觉效果。POLO 衫可以借助真人模特的穿着，来凸显其穿着效果，丰富图片内容。要拍一组照片并包含所有 POLO 衫的颜色和款式，如图 2－40 所示。将一组照片合理组织并上传速卖通平台。

2．目录选择

在速卖通男士 POLO 衫的商品目录为一个三级目录：

一级目录：Men'sClothing&Accessories（男装和男士饰品）＞二级目录：Tops&Tees（上衣和 T 恤衫）＞三级目录：POLO（POLO 衫），如图 2－41 所示。

图 2 – 40　该 POLO 衫在速卖通的商品图片

Related Categories

< Men's Clothing & Accessories

< Tops & Tees

Polo

图 2 – 41　该 POLO 衫在速卖通的目录

3. 品名描述

卖家要编辑该 POLO 衫标准的英文商品名称以及尺寸、面料、花色的英文说明，如图 2 – 42 所示。

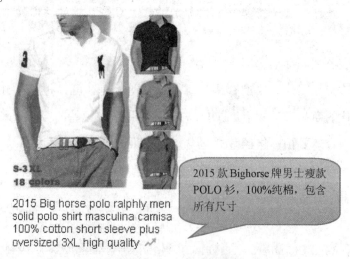

图 2 – 42　该 POLO 衫在速卖通的品名描述

4. 价格描述

该 POLO 衫在速卖通的商品价格为一口价形式，依据不同尺寸和颜色设置不同的价格，形成价格区间。

图 2 -43　该 POLO 衫在速卖通的价格描述

5. 物流描述

卖家需要编辑 POLO 衫的物流目的地列表和快递公司选择列表，速卖通平台的物流系统将自动生成和计算物流费用和预计到货时间，如图 2 -44 所示。

图 2 -44　该 POLO 衫在速卖通的物流描述（1）

6. 详细描述

卖家编辑该 POLO 衫的包括款式、尺寸、面料等在内的详细信息，如图 2 -46 所示。

Shipping Policy:

a. For cost shipping: we ship via ~~EMS~~, ~~DHL~~, FedEx, UPS, express shipping 4-7 working days depending on the country's delivery service.

b. For free shipping: we ship via 中国邮政 CHINA POST Mail which takes around 10-15 working days to Asia, West Euro, North America and 20-30 working days to South America, Mid-East, Africa. Please kindly contact us for any shipping questions.

Country	Delivery Time						
	Working Days (not including holiday)	5-7	8-11	12-14	15-19	20-22	>22
	Working Days + Saturday + Sunday	5-9	10-15	16-20	21-25	26-30	>31
United States	Rate (item arrived)	5 .1%	50.1%	29.6%	10.5%	4.7%	Refund
United Kingdom	Rate (item arrived)	9.9%	63.2%	19.1%	3.4%	4.4%	Refund
Australia	Rate (item arrived)	21.4%	50.0%	14.3%	7.2%	7.1%	Refund
France	Rate (item arrived)	10.5%	28.6%	43.8%	10.1%	7.0%	Refund
Germany	Rate (item arrived)	11.1%	22.2%	30.3%	20.9%	15.5%	Refund
Canada	Rate (item arrived)	0.0%	47.1%	31.4%	17.6%	3.9%	Refund
Spain	Rate (item arrived)	3.5%	25.0%	47.9%	12.9%	10.7%	Refund

图 2 – 45 该 POLO 衫在速卖通的物流描述（2）

Item specifics

Gender: Men

Tops Type: Polos

Pattern Type: Solid

Type: Slim

Style: Classic

Feature: Breathable

Material: Cotton

Color Style: Solid

Sleeve Length: Short

图 2 – 46 该 POLO 衫在速卖通的详细描述

思考与练习

1. 假设你打算在速卖通销售一款女士衬衫，请找出女士衬衫在速卖通的商品分类。

2. 请为你身边的一件物品拍照，使其达到能够在亚马逊上传的主图效果，如果不具备拍摄条件，请用文字描述该拍摄物品的步骤和注意事项。

3. 假设你打算在亚马逊销售一款国产"捷安特牌山地自行车"，设置一组该山地自行车的搜索关键词。

4. 假设你是一家在 eBay 销售文具的店铺，请依据你的实际情况为你的店铺编辑一张店铺名片。

第三章　跨境电子商务售前交流与沟通

美国人寿保险创始人弗兰克·贝特格曾说："只有热爱自己的事业，并且为此不遗余力奉献的人，才能得到应得的报酬。"说话是一门艺术，更是一门学问，如何把握沟通这门学问，让其在跨境电子商务中发挥最大功效，是取得报酬的关键所在。本章针对跨境交易的售前沟通环节，着重介绍该环节存在的问题和相应的沟通技巧。

第一节　跨境电子商务售前沟通与交流概述

一、跨境电子商务沟通思维

中华五千年的悠久历史，使得中国人养成了谦虚谨慎的态度，因此在沟通的时候中国人的思维是曲线思维，习惯于迂回前进。但西方人由于自己的文化底蕴和宗教风俗等方面的不同，在沟通上与中国人有很大的不同，他们更喜欢开门见山的讲话，因此，在面对外国顾客的时候，用中国人的交流习惯是行不通的。

在沟通方面，美国人喜欢先果后因，只有先讲了结果，说明你要说明的内容，然后再具体的进行讲解，这样沟通起来就会更加方便。

与中国约定成俗的习惯不同的是，美国社会建立起了完整的社会信用体系，在美国没有信用的人，将会寸步难行。因此，当我们的消费群体是美国人时，要特别注意，一定要建立起店铺和自己的信誉，这样可以吸引许多回头客。

信用就像一张白纸，一旦被揉得褶皱，再怎么努力也不会平整起来。在中国商业社会中讲究诚信，但是美国人更注重的是契约精神，就是俗称的合同，有了合同，明确了双方的责任与利益，这样办起事情来往往是事半功倍的效果。做跨境电子商务方面，商品的详情也算是一份契约，要做到实事求是，店铺中承诺给卖家的商品就一定要做到。货不对板是契约精神的反例。邮寄给卖家的商品一定要与描述的产品相符合。售前交流的时候也应该注意诚信沟通，营造一个良好的商业氛围。

二、售前沟通技巧

在互联网高速发展的今天，网上销售已经在不断改变着人们的生活方式与常规的经营方法，网络贸易的崛起是一种必然的趋势，但是网上交易的沟通却越显得更加艰难，针对此特点，网上销售的谈判沟通应注意几个方面：首先要了解沟通的目的，或者换句话说，要达到一个什么效果？显而易见，最主要的目的就是：赚钱。但是仔细分析，卖出商品未必等同于赚到了钱，或者暂时赚到了钱未必等同于今后能赚到更多的钱。

网上商店的稳步健康成长，才是商家能够持续获得收益的最大保证。这里面有各方面的条件和工作需要在线销售人员一一去实现，但是，就与顾客的沟通这一方面来说，这个工作也应该服从于赚钱这个最大的目标。所以，与顾客的沟通需要达到的目的，按重要程度依次有以下三点。

（1）以有效率的方式卖出商品，并让顾客感到满意；

（2）虽然顾客没有立刻购买你的商品，但是因你亲切的介绍而对你的商品留有不错的印象，成为了你今后的潜在客源；

（3）虽然顾客暂时对你的商品没有足够兴趣，但是觉得你服务专业、令人信赖，以后有需求时，能够继续找你购买或向别人推荐。

因此，围绕这样的中心目标，我们就可以有如何进行在线沟通的思路了。当然，商家各有各的情况，各有各的行业，绝对不能完全照套照搬，一定要找到真正适合自己的做法，具体怎么做，还是要看自己的实际情况。在网上销售，顾客唯一能够了解你的地方，基本就是你本人的言论了。因此，如何给顾客留下一个深刻而有利的印象，可以说是网上交易的一个关键。下面是一些客服沟通技巧的总结。

1．做好基础准备

做好基础准备，主动提供完备的产品信息。网站上的产品仅提供单一相关的图片是很不够的，在与客户关于产品问题沟通上，对方会有许多针对产品的疑问提出，无论是在程序上还是在时间上都有较大的难度，如果在发布产品图片的同时把产品的性能、规格型号、重量、组成部分、配件材料、加工工艺等各项在单个产品展示页面上详细给出，同时给产品每个部分配套图片做一个全面而简洁的介绍，让客户一目了然，接下来就会直奔主题谈论价格与成交相关问题。

2．价格解释要有理有据

当消费者质疑价格的时候，客服人员要对价格进行有理有据的解释。最好是利用报价表的形式展现在客户眼前，关键部分提供的报价要针对行业的价格进行分析与对比。对比的内容有价格、性能、配件的材料、使用年限、售后服务、品牌优势、特别支持等具体事项，只有这样，客户对于产品的优越性，会更加容易地认可并接受。如果可以的话，还可以将自己的定价体系告诉给客户，列出每个部分的定价标准，做到有条不紊，让客户更加认可你的产品和价格。

3. 及时热情的回复

对于客户的疑问回复要及时、热情、具有人情味，让客户觉得在网上买东西与线下购买没有太大的区别。不论在网上还是网下，营销的对象都是客户，在网络上要让客户感觉到企业的服务标准与服务态度，从而体现企业的专业化的效果。利用语言情感沟通是网络沟通的一个不错技巧，回复客户时切忌把网络的沟通当成机械的你问我答的沟通，可以加入一些开放性的询问和关怀语言，一句古话"得人心者得天下"，网络营销同样如此。

4. 沟通时慎用网络语言

商业毕竟是商业，网络沟通时要少用网络语言，还有就是一部分表情符，这些容易给客户造成不专业的印象；说不定在与客户沟通时，客户不是很了解这些符号，不知不觉中就得罪了客户，因为客户也是人，并且都不是与你一样性格的，所以尽量用文字去表达，充分利用文字的优势去挖掘心灵深处的情感，让对方感觉到你的真诚与实在。每一个人都愿意与真诚的人交朋友，当与客户成为好朋友时，还有什么做不成的生意呢？

5. 准备好沟通的网络硬件装备

准备好沟通的网络硬件装备：视频与耳麦，在沟通的必要时候最好利用语音来沟通，语音沟通的好处在于及时、准确地传递信息与情感。在每次工作之前要调试好这些设备，以便随时使用。

6. 恰如其分的接洽

恰如其分接洽，不要过分热情，不要直白地问"你想要买什么？"。很多消费者不喜欢导购，尤其直接地问"你想买什么？"，或者主动推荐某些产品。每当消费者遇到如此的"热情接待"时，往往就会全身都不自在，本来想仔细看一看，也变成匆匆看两眼，赶紧转身逃离了。尤其国内的消费者更含蓄，不习惯太直白的问答。因为在网上，顾客可以自由地逛你的店而不用担心一开始就被导购骚扰。这也是很多人愿意网上购物的一个原因。但是当顾客开始和你交流，发信息给你的时候，你应该怎么样做呢？这个时候，"你想要买什么？"不要用。因为会给有些顾客带来不舒服的感觉，如会认为："非要买你的东西才能找你吗？我问问就不行？我打听打听就不可以吗？"或者会认为："我还有很多问题没弄清楚呢，这个卖家给人的感觉好像是很不耐烦，直接就先跳到买东西这一步了哦。"

与顾客的初次交流，你完全可以不提是不是要买东西的事情。如果顾客需要，他当然会跟你说的。那时候及时跟进才是你需要做的。否则的话，适当地接待，朋友一样的寒暄，专业的精神，才是你最需要表现的内容。比方说，这样的开头：

顾客：你好，在吗？

客服：上午好，让您久等了。（注：即使是立刻回答了人家，也要这样说。）

顾客：你网站的××商品还好用啊？

客服：呵呵，这个产品在买的人很多，反映很好，你很有眼光哦。（注：小恭维一下，同时把一开始的"您"的称呼，悄悄转变成"你"，与顾客拉近距离。）

顾客：这个产品都有货吧？什么时候能到啊？

客服：当然啦，我们没有库存就当天下架的，而且我们物流中心都有备货，你如果今天买，下午就能发货，最迟14天就到了。（注：不失时机突出自己的优点，并顺水推舟提高客户的购物欲望。另外，交流结束的时候称呼为顾客为"您"显得比较正式。称呼自己用"我们"比用"我"更能让顾客感觉到你的专业。）

总结：既不店大欺客，也不谄媚献乖，保持格调，恰到好处的热情和真诚，不做强硬的推销。

7. 善于揣摩客户心理

善于揣摩客户心理，打消顾虑。在网上购物，看不见摸不着，会更加小心。如何打消顾客的这种心态呢？除了在商品的介绍、图片等方面多下功夫外，与顾客的沟通效果就成了最为关键的一个环节了。首先，让顾客感觉到专业。对自己经营的事业能够做到专业是起码的要求。专业要让顾客感觉到。认真地对待细节，就是让顾客感觉到你的专业的最好途径。

顾客的负面情绪，很大程度上与价格无关的。因为买卖自由，最透明的属性毫无疑问是价格了，客户决定购买时，就已经决定接受这个价格了。比起价格来，感觉受到了商家的欺骗或者叫"玩弄"，或者通俗地说，感觉被"宰"了，才是会让大部分顾客一辈子怨恨你的真正原因。

商家存在的意义就是赚钱，因此追求利润对商家来说，是天经地义、再自然不过的事情。即使是顾客，也完全能够理解。因此，诚恳地对顾客说："我们保证为你提供货真价实的商品和服务，定价都是根据成本加上各种费用计算的，是很公道的。"才是真正尊重顾客，真正表现诚意的做法。从另外的角度说，这样做给顾客的感觉是合理、信任、尊重，没有被宰的感觉，自己做不到的地方，老实说做不到总比先骗人后反悔实在是要好得多啊。因此，适当地介绍自己的商品，不吹嘘自己或贬低别人，也是能让人感觉到你的实在和诚实的途径。

另外，也绝对不能达到目的就换一副嘴脸。否则，即使你给再多的优惠，顾客都会认为被你"宰"了。与顾客交流，切记自始至终都应该用同样的态度、同样的温度、同样的诚意。不能买了你东西的就是你的亲兄弟，不买你东西的都是你的仇人。可以的话，不妨把顾客当作你的衣食父母，多少怀着点感恩的心情吧——也许这也同时能让你自己变得更加轻松，更加能看清你的得失。记住一句话：付出诚意能收获永远的信任，付出滑头只能小快一时。

8. 永远不要代替买家做决定

买不买东西，是顾客最大的权利，所以代替顾客做决定的商家都是非常愚蠢的。研究一点心理学就可以知道，购物者（尤其是网上购物者）的心理，除了满足实际的需要之外，获得精神上的成就感和猎奇的满足感也是非常普遍的。商家一定要创造一个环境或条件，让你的顾客高高兴兴地做出购买的决定。但绝不是靠花言巧语的骚扰让你的顾客被你说昏了头之后做出这样的决定。这样的情况，一是事后清醒下来后顾客会觉得上了你的当；二是收到了商品后，因为不是他真正需要的东西因而产生失望，当然，也不会再来光顾。

大部分人都会对赤裸裸的劝买的话语视而不见、听而不闻，甚至对商家十分反感。这里面的技巧，一是要掌握说话的"度"，做到恰到好处的热情和暗示；二是一定要留给顾客足够的做决定的空间。换句话说，不要把顾客逼到非买不行的境地。不要轻易侵入顾客的空间。至少要让顾客觉得，是他在掌握主动权，而不是你。

9. 与顾客共鸣

说起共鸣这个词，从谈生意的角度来讲，怎么样才能迅速地和一个陌生人由生变熟，直到建立某种信任关系，本身就是一种沟通的大技巧。于是，利用一切信息取得"共鸣"就是很高级的一种进阶能力了。说白了，就是迅速找到与顾客的共同话题。对于一个新来的消费者，去哪里找共同话题呢？有技巧地介绍你的商品，当发现顾客已经对你的某样商品感兴趣时，能适时说出对方的感受，能够让顾客觉得自己的眼光得到了认同，这一点也是相当重要的技巧。对于顾客，既不能是完全无条件的附和，又要能巧妙地让对方觉得"对！我就是这样想的。"这种微妙的表达，能引起顾客对你的商品的共鸣，至少你已经过了商品评价的这一关了，就离成功很近了。

10. 最后的提高

最后的提高：永远比顾客多想一步。要想能长久地发展顺利，永远比顾客多想一步是你一定要努力做到的事情。因为这一点直接体现了商家的专业的程度、诚信的程度、为顾客着想的程度，以及你重视自己的事业的程度。举个例子，有些人收货地址是公司，如果预计周末到货，则会发生没人签收的情况。这时候，我们就会主动询问顾客：因为是预计周末送到，你留下的地址是否方便你接收呢？需不需要修改发货时间以避开这个时间段呢？顾客一般难以想到这点，但是这一点却确实是很重要的。我们的经验，起码有 1/4 的顾客需要修改地址或发货时间。我相信不少经常网上购物的朋友能理解其中的原因。即使顾客不需要担心这方面的问题，他也一定会为你的细心、周到、真诚而对你留下很好的印象。所以说，能做到的话，务必比顾客多想一步：可以显得与众不同，可让顾客对你留下深刻的印象；可以一切准备充分，为商家减少不必要的风险；可以带来意想不到的机会，为你打开一个也许是新天地式的舞台；可以积累宝贵的经验，终有一天，你一定能在什么地方用到它们；顾客是检验你的成色的唯一试剂。能比顾客多想一步，其实就比你的竞争者多想了一步，也就比市场多想了一步。

三、跨境沟通必备技巧

1. 做好沟通准备

沟通准备不仅包括了解目标市场的风俗习惯，如节假日、国庆日等，便于沟通时拉近距离；还需要了解不同国家的语言习惯，便于根据不同人群给予针对性回复。在沟通之前，必须熟悉该产品的主要规格与质量要求，必须要能准确地用英文表达出来。

2. 书面沟通为主

即时通讯工具，一般都有网络语音对话的功能。一般情况下，卖家应该避免与国外买家进行语音对话，尽量以书写方式为主。用书写的形式沟通，不仅能让买卖双方的信息交流会更加的清晰、准确，也能够留下交流的证据，有利于后期纠纷的处理。

3. 学会分析买家

学会从买家的文字风格判断买家的性格脾气。如买家使用的语言文字简洁精炼，则可判断其办事可能是雷厉风行，不喜欢拖泥带水。卖家若根据买家的性格脾气，积极调整沟通方式，能促进双方沟通的顺利进行。

4. 注意沟通时间

由于时差的缘故，在卖家日常工作（北京时间 8 点—17 点）的时侯，会发现大部分国外买家的即时通讯都是离线的。当然，即使国外买家不在线，卖家也可以通过留言联系买家。不过，建议供应商应尽量选择买家在线的时侯联系，这意味着卖家应该在晚上的时间联系国外买家。因为这个时候买家在线的可能最大，沟通效果更好。

5. 即时回复

卖家要经常关注即时通讯工具和在线留言的信息，对于买家的询盘要即时回复。否则，买家很容易失去等待的耐心，卖家也很可能错失订单。

6. 主动联系

卖家在交易过程中最好多主动联系买家。例如，发货之后，提醒买家注意收货。这些沟通，既能让卖家及时掌握交易动向，也能够让买家感觉受到卖家的重视，促进双方的信任与合作。

7. 必备语言技能

（1）英语：要求客服的英语水平达到大学英语四级。

（2）翻译：跨境电子商务平台除了面向全球客户，使用的语言也不止英语这一门，所以要求会使用翻译工具和翻译软件，可以把非英语的语言翻译成英语理解。

（3）商务技能：自学一些必要的商务英语，以应对日常的商业情况。

良好的客户沟通可以提升店铺的形象，也可以让客户感觉在这里得到了真正的服务。只有服务提升上去，供应链跟上，产品品质提高，销量自然就会不断提高。

第二节　跨境电子商务社交媒体营销

一、社交媒体概况

传统营销是销售导向的，也即"将产品/服务信息传播给潜在的消费者"；现代营销是关系导向的，强调的是"与消费者的互动"。通过电视、广播、报纸等媒体广告，我们无法与消费者互动；通过搜索引擎营销、邮件营销，我们同样无法与消费者互动。或许，企业可以组织一些线下推广活动，实现面对面的互动。然而，这种线下营销不仅费用高，而且辐射面窄。现在，随着 Facebook、Twitter 等社交网络的繁荣发展，企业开始踏入互动式的关系导向型营销时代。

SNS（SocialNetworkingServices），即社会性网络服务，专指旨在帮助人们建立社会性网络的互联网应用服务。

目前，荷兰的社交媒体渗透率最高，达到了 63.5%；挪威排在第二名，约为

63.3%；美国则屈居第六位，约为51.7%。但是，瑞典、韩国、丹麦、美国、芬兰、加拿大和英国的大多数居民每月也会使用社交网络。社交媒体发展速度最快的地方是不发达国家。因为发达国家已经使用的人数较多，所以增速放慢，增长比例降低。例如，印度2014年的发展速度最高，社交媒体用户数量增长了37.4%，而印度尼西亚的增长率为28.7%，墨西哥的增长率为21.1%。预计到2017年，全球将有23.3亿人使用社交网络，届时将占到全球人口预计总数的31.3%。

电子商务企业结合社交网络并不少见。在中国有新浪微博与阿里巴巴的结合，淘宝网借助新浪微博引入流量并转化为线上订单等，然而跨境平台利用社交媒体可以做些什么呢？

1. 建立专业的口碑

SNS中有着众多的客户，假设一个客户的SNS账户里有1000位好友，那么当他发布一条他喜欢的产品的信息的时候，该信息就会被1000人同时接收到，如果这1000位朋友之中，有20%人转发这条产品信息的话，该产品的受众，将会是1000 + 200 + N，因为这200个朋友的转发，又会吸引很大一批受众。这就是SNS的阶梯效应。如果跨境平台卖家利用好SNS平台，就有利于打造专业的口碑和良好的传播效果，吸引更多的客户进入店铺，同时还能迅速提升店铺的销量。

2. 研究客户

SNS网站有很多类型，有单纯的文字分享型、有视频分享型和图片分享型，有很多网站里的信息增加了"分享到"按钮，都可以分享到SNS上面来。我们可以通过SNS提供的搜索框，搜索到客户分享了什么内容，客户之所以会分享这些内容，是因为他们喜欢这样的内容。同理可知，被客户分享的产品，一定是有它的亮点，吸引到了国外客户。所以，结合自己销售的产品，可以在SNS平台上，搜索客户喜欢什么样的产品，关注什么样的产品，可以了解到广大客户的喜好。并且，可以了解到他们对新产品的反馈和喜爱程度。同时，还可以利用社交网络了解到客户加入了怎样的群，售前、售中、售后客户会关注哪些群组，哪些类型的产品是深受客户喜爱的，对于产品的售前、售中、售后客户都有怎样的诉求。

3. 提升品牌影响力

上文中曾提到SNS中的传播是阶梯式的，是以一层拓展到多层，多层继续往下拓展的方式传播的。所以，它可以直接让你的产品有机会送达到更广大的客户群里中去。

4. 向别人学习

SNS中，不乏一些国际大品牌，比如可口可乐、星巴克，它们的专业中有几千万人点"赞"或发表评论。可见，SNS 是一个非常好的营销平台，也是可以让你的品牌拥护者进行反馈的一个地方。可以在 SNS 中找出行业先行者，学习他们产品的研发思路、定位和服务及营销思维。

5. 策划营销活动

上文也提到过 SNS 有着广大的群体和潜在消费者，如果策划一些免费送产品或者抽奖等活动，会吸引大量的客户进行转发、传播，从而让更多的国外用户了解到我们的店铺和产品。

二、五大社交媒体营销

Shareaholic 在 2014 年 10 月发布季度报告，统计了 2014 年第三季度最大的 8 家社交媒体网站流量。其中，Facebook 流量仍然居首。事实上，Facebook 平均推动超过 22% 的流量，Pinterest 紧随其后，在 5% 左右，而 Twitter 这个数字已经下降到不到 1%。

与去年同期相比，Facebook 影响力增长了 115%，Pinterest 的影响力增长了 50%，而 Twitter 尽管拥有最成熟的用户群，但是其影响力下降了 24%。由于在社交媒体流量转介普遍提高，人们较少依赖搜索引擎和其他来源获得他们所关心的消息，Facebook 继续推动更多的流量。

Pinterest 的影响是显著的，因为它的网络只包含约 70 万用户，而 Facebook 用户数量超过十亿。另一方面，Twitter 似乎已趋于稳定。自 2013 年 9 月开始，其社交媒体推荐的份额已经从 1.17% 下降到 0.88 个百分点。

同时，StumbleUpon、Reddit、Google +、YouTube 和 LinkedIn 已经被流量所遗忘，9 月份，它们联合贡献小于 Twitter。

因此按影响力排序，分别介绍如何在 Facebook、Pinterest、Twitter、YouTube 上进行推广，最后介绍在俄语系国家最受欢迎的社交网站——VK 上进行营销的方法。

（一）Facebook 营销

说起 Facebook 营销，集中要做到四要点：嘴甜，多留下一些肯定的评论、留言；脑转，多想多做，利用一些可以利用的资源；手勤，多加活跃人士，多加有影响力的知名人士；腿快，多到"好友家里"转转。那么结合具体案例，该怎么做呢？

1. Facebook 营销要点

（1）头像和个人资料：头像不要太商业化，广告性质太强容易引起人的反感；

（2）个人资料：Facebook 个人资料在填写的时候要注重突出要表达的产品或者品牌概念，个人资料需设置对所有人可见；

（3）日志：是 Facebook 推广的人发表软文最佳场所，多注意原创，并在发布日志后利用分享和消息通知功能让你的好友看到最新的动态；

（4）状态：如果日志写得太过火，显得小题大做，发条状态淡化一下，如果嫌状态不显眼，多加点表情；

（5）产品推广：文字简明扼要为好，切忌长篇大论，因为没有人愿意浪费大量时间在读文字上；产品链接最好选择短链，因为长链看起来很乱，给人不舒服的感觉；Facebook 属于社交网站，因此在描述内容时要有亮点，让好友喜欢或者分享或者点击，切忌语言不温不火过于平淡化。

2. Facebook 营销案例与具体操作

关于 Facebook 方面营销推广，有几大块：

（1）Facebook 官方专页的运营：一般只是一些当天活动，以及相关的事件。可以在社区基础上做商务，但不可在商务的基础上去运营社交。官方如果运营专页的话，不叫每天发过多的广告帖，一天顶多一个跟官网相关的 POST，避免用户退订。

（2）粉丝量：粉丝量的来源有很多，有一些商家可能会直接买一些有粉丝的账号，毕竟人群容易受到影响。来源有很多：外部购买，定期刷量；合作号引粉；Facebook 平台付费点赞；官方粉丝引流（配合营销，关注送优惠券等）；粉丝分享。

（3）Facebook 广告平台等其他付费：可以在社区基础上做商务，但不可在商务的基础上去运营社交。因此，由商家强制运营账号，效果比较一般，但是商家可以去运营一个跟产品相关的群体，比如：卖电竞设备的，就可以去运营一个某个游戏比如 DOTA、LOL 的粉丝专页；做时尚的，可以去圈女性用户；做户外产品的，就可以去圈欧美一些喜好户外运动爱好者；做家居的，可以圈一些中年母亲；做母婴的，可以圈一些年轻的女性用户、订婚和结婚的。

（4）官方 Facebook 附属专页运营：比如与服饰类相关的，主打用户必然是女性用户居多，那么女性用户喜欢什么？明星、娱乐、八卦、宠物、时尚、电影、音乐、心灵鸡汤、婴儿、装修家居等。在发帖时候，要往这些话题里面去发，每天或者定期发布 10～50 上面相关话题的 POST，分析点赞跟分享量，逐步去调整发帖策略以及方向。首先要打理好附属专页的运营，提高粉丝的活跃度，定期跟粉丝互动并且送点小礼物。每天或者定期偶尔发一帖跟网站相关的广告，这样用户既不反感，商家也可以获取必要的效果，切记杀鸡取卵。

（5）Facebook 大号引流：除了官网 Facebook 粉丝以及附属专页 Facebook 粉丝，还有其他来源吗？做社区好的人，是那群专门做社区大号营销的而不会是商家。因此首先可以寻找一些社区大号。

下面介绍大号引流的一个案例：

（1）比如在 Facebook 上搜索"FASHION"相关的账号以及专页。

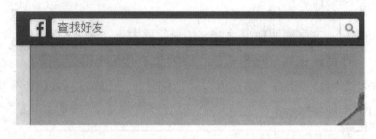

图 3－1　查找大号

（2）挑选出与目标群相关的大号。

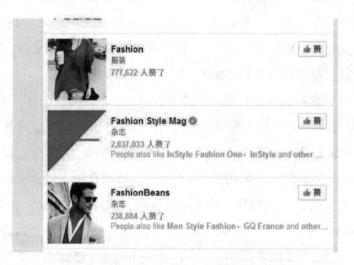

图 3－2　与时尚有关的大号

（3）点击进去分析一下帖子内容、粉丝数、群里的兴趣、转发率、活跃度、活跃时间等。比如一个大号它发出的每个内容可获得 1000～3000 的赞，预期可以带来 10%～30% 的官网流量。

（4）对于一些质量好的，选择联系对方，询问 howmuch2～5postsperday（每天发布 2～5 条状态需要多少钱？）。一些对于运营号若有出售 POST 的，可能会回复 100USD1post/daypermonth（平均每天发布一条状态月收费 100 美元）等。将得到回复的账号统一记录到系统里面，记录 URL、粉丝数、费用、付款类型、合作类型等。

（5）付款后，建议不要一次性在单个账号投入太多 POST，建议每天根据商品的总量衡量，一般控制 2POST。付款完后，每天或者提前一周，将广告计划发给对方的邮箱。

图 3 – 3　在 Facebook 大号上的广告

当然也可以将链接长期放在这些有影响力的大号上，如图 3 – 4 所示。

图 3 – 4　链接推广

同时不要忘记，最后面加上下面链接，引入粉丝赞以及关注。

（6）广告的链接用 goo. gl 短网址进行加密，标记广告编号。然后数据分析，每个帖子带来的流量以及转发率，控制流量成本。

（7）以此类推，寻找更多质量更好的专页，尝试最终总结经验，寻求长远发展之际。既能带来流量，又能获取粉丝关注，粉丝又会进行转发，形成良性循环。但是商家做好商品端与服务端的工作是绝对不能放松的。

（二）Pinterest 营销

Pinterest 是目前全球最火爆的图片分享网站，有来自世界各地的图片分享者，也会有很多公司在上面进行商业化分享，宣传本公司产品。现在 Pinterest 拥有大量粉丝的重要零售品牌包括 L. L. Bean（超过 500 万粉丝）、Nordstrom（超过 400 万粉丝）。

截至到 2014 年 4 月份，超过 7000 万 Pinterest 用户已经上传了超过 300 亿张图片，创造了 7.5 亿个图板。这 300 亿张图片意味着比 6 个月之前增长了将近 50%。

Google 有 1 个插件可以一键将你的商店图片分享到 Pinterest，通过这样的方法分享的图片，用户直接点击图片就可以链接到你的店铺。Pinterest 有各种分类，如个人的分类、主题的分类。平台中的大卖家可以在 Pinterest 找一些相关的主题，如包包、服装、家具等，找到适合自己品类的主题后，观察在这个主题中什么类型的图片可以获得交稿的互动率，这样的图片就可以成为这个区域选品的参考。细心的卖家会观察哪些图片"粉丝"比较多，然后利用这些图片做主题页面来吸引流量。卖家也可以在制作了专题页面后，把在 Pinterest 受欢迎的产品进行打折促销，这样就可以吸引更多的流量。通过调查表明，发 Pins 条目越多，成单机会越多。

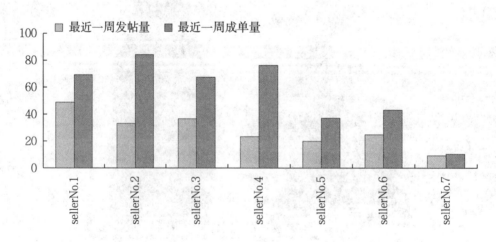

图 3-5　Pinterest 发图与订单的关系

Pinterest 的优势在于：

（1）逛买逛买逛买：人们浏览着图片，逛着逛着就购买了图片对应的商品。

图 3 - 6　Pinterest 图片页面

（2）直接落地到产品页：通过图片可以访问到店铺。

图 3 - 7　敦煌网商品展示

（3）强大的二次传播能力：在 Pinterest 可以将喜欢的图片推荐给自己的好友，达到了阶梯效应传播。

在 Pinterest 上进行营销有以下一些小技巧：

（1）营销策略中最重要的组成部分是图片，因此一定要注意图片的质量；

（2）目前的主流用户群体是 25 ~ 55 岁的女性；

图 3 – 8　Pinterest 的二次传播

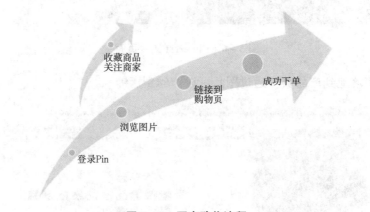

图 3 – 9　买家购物流程

图 3 – 10　商家使用 Pinterest 流程

（3）与其他社媒平台链接；

（4）Pinterest 是社交图片网而不是图片储存站；

（5）数量真的很重要，新产品出来了就要 Pin 上去；

（6）你不是在推产品，是在推一种生活方式；

（7）发动群众的力量，利用好群体主体板（Groupboards）；

（8）当地时间 2～4pm 和 8～11pm 是 Pin 的最好时机。

根据大量的实例分析，Pinterest 得出以下结论：

（1）不露脸的 Pins 比露脸的效果好；

（2）粉丝喜欢颜色明亮的 Pins；

（3）多色彩图片得到的转发最多；

（4）背景占图少于 30% 得到的转发更多。

（三）Twitter 营销

Twitter 是一个社交网络及微博客服务网站，是全球互联网访问量最大的十个网站之一。它利用无线网络、有线网络、通信技术，进行即时通讯，是微博客的典型应用。它允许用户将自己的最新动态和想法以短信形式发送给手机和个性化网站群，而不仅仅是发送给个人。那么 Twitter 营销应该怎么做呢？

Twitter 营销分为以下几点技巧：

（1）利用 Twitter 分享按钮：给店铺添加 Twitter 分享按钮，不仅仅是想客户把你的店铺产品分享到他们自己的 Twitter，更重要的是，自己店铺每更新一个产品，我们自己都要把更新的内容分享到自己的 Twitter 上去，让关注你的人知道你的店铺有新货。这样做不但可以使得你的网站客户保持一定的黏度，使用 Twitter 推广你的网站，还可以给网站添加来自社交网络的外部链接。

（2）信息撰写：尽可能使用短精简信息内容并且抓住你们行业的最热门话题来发布你的内容；提供优质的 Twitter 原创内容，切忌敷衍对待。只有提供了优质的内容，才可能得到大家的关注与推荐。

图 3-11　Twitter 营销

（3）借助名人效应：Twitter 营销吸引粉丝还可以借助名人效应，你可以借助国外 Twitter 里面的名人，比如 LadyGaga，在她 Twitter 发布的第一时间回复，后面会有很多人回帖，你排在前面，会有很多人点开看你。每次你都在前面，会有很多人跟随你的。互动关注行业内的名人，争取到他们对自己的关注。

（4）利用 Twitter 的搜索功能：现在 twitter 内部搜索结果是按照时间进行排名的，只要你是最新的，相关关键词你就排在前面，围绕一个关键词不停地更新，你就会排在 twitter 搜索的前面。另外 google 搜索结果里面开始融入 twitter 结果，这样的话，只要你的 twitter 是最新的且包含关键词，在别人没有更新之前，你就在 twitter 里排在前面，显示在 google 首页，Twitter 代表了实时搜索，google 也会把实时搜索的结果考虑进去。

（5）发起活动：当然这种活动首先要能够吸引 twitter 用户，让他们踊跃参加，而要想能够吸引他们，最切合实际的做法就是能够有一定的回报，当然，物质回报是最好的了。

（四）YouTube 营销

YouTube 是全球最大的视频社交网站，每日视频观看累计时长超过 3 亿小时，受众范围广，YouTube 视频营销也是跨境电子商务重要的推广营销方式。那么 YouTube 营销的具体方式是什么？为不同行业产品拍摄视频需要注意哪些问题？接下来将针对这两个问题一一解答。

拍客或买家把您的产品链接贴在他们的 YouTube 视频描述里，一方面看到视频的观众可以直接点击链接进入你的产品页从而直接购买产品。另一方面，由于 YouTube 是 Google 旗下的产品，YouTube 视频下的产品链接极易使你的产品被 Google 收录，从而使你的产品在谷歌搜索中的排名提升。

1. YouTube 视频项目卖家操作流程

（1）在 YouTube 上寻找大的拍客与之合作。

（2）鼓励真实的买家帮拍 YouTube 视频 review。

图 3 - 12   Review 视频

（3）卖家自己拍视频（或找专业的人）上传到自己的 YouTube 频道里。

2. 视频营销通用原则

（1）以观众为中心：观众想知道什么（买家需求）？我们要向观众传达什么？

（2）内容是王道：视频一定要提供有价值的信息，所以产品展示一定要突出卖点和亮点。

（3）怎样开始很重要：提供解决方案；提出问题；用故事引入；简单的自我介绍；直接进入正题。要做到一开始就引起观众的兴趣。

（4）语言简单且口语化：用和观众谈话一样的方式进行，不要太严肃或太正式，幽默的视频容易获得观看量。

（5）呼吁观众行动起来：表明自己需要他们的肯定和建议，主动呼吁观众点赞或发表评论，提醒他们通过描述框里的链接去访问自己的店铺或购买产品。

（6）提供互动性：观看量比较多，点赞的比较多，评论比较多。说明这个视频比较活跃，互动性很强。

下面以三个行业——假发、灯具、3C，展示不同行业的不同视频技巧。

（1）假发视频拍摄技巧

以假发类产品为例，在拍摄视频的时候，希望拍客在视频中可以展示：

①怎么戴假发，戴上假发之后的效果是什么；

②假发的柔软度、弹性；

③假发应该怎么护理（多长时间洗一次，怎么洗）；

④是否可以烫染，烫染之后效果怎么样等。

假发类的视频，主要是效果展示会比较吸引人，可以建议拍客戴假发化不同的妆，搭配不同的衣服，这样可以展示出发型很百搭，而且怎么搭都很漂亮。

（2）灯具视频拍摄技巧

以 LED 灯具类产品为例，在拍摄视频的时候，希望拍客在视频中可以展示：

①LED 灯和其他种类灯具的对比，突出 LED 灯的优势，如省电、寿命长；

②安装 LED 灯的注意事项：如何将 LED 灯安装在室外或者特殊物体上，如汽车、摩托车等；

③怎样保养 LED 灯，延长其使用寿命，如注意散热；

④怎样选择适合自己需求的 LED 灯，如购买 LED 灯条时，买软灯条还是硬灯条。

拍摄 LED 灯视频时，要全面展示灯的外观，以及亮灯之后的效果，还有此款产品与其他 LED 灯相比所具备的优势，如防水、可剪断、遥控 48 键等。

（3）3C 视频拍摄技巧

以手机类产品为例，在拍摄视频的时候，希望拍客在视频中可以展示：

①unboxing 开包裹视频效果会比普通的展示视频效果要好。全面展示手机的包装，盒子的正反面，把盒子打开之后是什么样的，盒子里有什么东西，如手机、赠送的手机壳、数据线、耳机、说明书、贴膜等等，这些要一一清晰地展示出来。

②手机外观介绍。要将手机电池装上，展示手机的外观、厚度、屏幕大小、数据线插孔、耳机插孔、前置后置摄像头像素等。

③开机演示及功能评测。观众希望知道此款手机的开机时长，用户界面是什么样子的。触屏手机的触屏灵敏度怎么样，屏幕分辨率是否清晰，双卡或单卡。同时可以利用 Antutu 评测，展示一下手机的各项参数，如安卓版本、系统内存、Rom、Ram 大小等。用户比较关注的是：屏幕是否清晰，运行速度快慢，像素高低。可以用手机展示播放视频时的效果，用前置后置摄像头去拍照，展示照片效果。可以用手机来玩游戏，看看手机的运行速度快慢。

以上几点，是经过观察总结出来的专业拍客常用的拍摄技巧，在寻找拍客的过程中，如果和以上几点符合程度比较高的拍客，应该着重去联系，因为这些拍客拍出来的视频非常专业并且有说服力，能为店铺带来真实的流量和订单。

（五）VK 营销

目前 VK 是俄语系国家最受欢迎的社交网站，俄罗斯的年轻人经常活跃在这个社交平台。由于俄罗斯是跨境平台的主要客户群体，于是做好本土的社交媒体营销更显得必要。

图 3 - 13   VK 注册页面

第三节　跨境电子商务售前咨询

交易前后与买家及时有效的沟通很重要，是影响服务质量的关键因素之一，良好的沟通能够让买家感受到卖家的诚恳、耐心，对服务更加满意，从而促成交易，减少纠纷。如果能有效利用与买家的沟通机会，结合客观的优质产品和服务，一定能大力提升交易量以及买家的回头率。

与买家的沟通主要包括询盘和订单两方面，以下列举售前常见的情况：

1. 询盘

（1）商品价格：想了解如果购买价格区间上限外的商品数量，价格是否可以优惠；

（2）商品详细图片：想看商品的更多详细图片，了解商品质量；

（3）商品规格：询问是否可以组合属性购买；

（4）物流相关问题：比如询问物流时间、进口条件等。

注意：某些国家、地区（比如巴西）需提供 NCMNumber。

2. 订单

（1）确定购买商品信息：买家下单时没有备注尺码或颜色，需站内信沟通，但有时买家回复不及时，会延长进货发货时间；

（2）确定买家收货信息：因对国外地址信息不够了解，有些地址需与买家确定是否正确；

（3）买家询问到货时间：某些地区发货时间较长。

根据总结的几种类型，整理出常用的站内信模板，可以更加规范、更加快捷地回复买家，同时可以让买家感受到更加专业、周到的服务。

下面列出几个站内信模板，供参考：

（1）商品已经是最低价，无折扣。

Hi，［Buyer Name］，

Sorry, we don't have any discounts for this item. The quality is very well, so the cost is a little high.

If you have any questions, please let us know.

Best Regards,

［Seller Name］

（2）购买较大数量的商品可给予一定折扣。

Hi, [Buyer Name],

We are very glad to receive your message. If you buy more than N lots of this item, we can give you n% off discount.

If you have any questions, please let us know. We are waiting for your reply.

Best Regards,
[Seller Name]

（3）购买规格等商品信息。

Hi, [Buyer Name],

We are very glad to receive your message. You could add remark to tell us which size and how many you need. The color is random but every color looks well, take it easy.

If you have any questions, please let us know. We are waiting for your reply.

Thanks & Best Regards,
[Seller Name]

（4）买家询问物流时间。

Hi, [Buyer Name],

We are very glad to receive your message. The delivery time is XX – XX days via [Shipping Method] and it depends on the shipping company. We will ship the item as soon as possible after confirming your payment.

If you have any other question, please let us know. Waiting for your reply.

Best Regards,
[Seller Name]

（5）买家询问交易需提供的内容。

Hi, [Buyer Name],
Sorry for the late reply. We need you to support the correct address and NCM number. You could input it when you place order.

If you have any other question, please let us know. Waiting for your reply.

Best Regards,
[Seller Name]

（6）与买家确认商品规格信息和收货信息。

Hi, [Buyer Name],

Thank you for buying from us. Please help to confirm the size of this item and there are 3 sizes including S, M, L. You could get more details from the description of this item.

And could you help to confirm your address?

Contact Name：

Address Line：

City：

State：

Country：

Postal Code：

Phone Number：

If any size is ok, we will deliver the items with 16 S size, 16 M size, 18 L size. Waiting for your reply and then we will ship the items as soon as possible.

Thanks & Best Regards,

[Seller Name]

（7）订单相关信息确认后，告知买家已确认订单及预计发货时间。

Hi, [Buyer Name],

Thanks for your payment for order ××××. We will dispatch the items as your requirement including 25 S size and 25 M size within the next 3 days. If you have any questions, please let us know.

Best Regards,

[Seller Name]

以上情况讨论的是正常情况，现在讨论一些特殊情况下的处理方法：

（1）若买家拍下商品后，未付款。

Hi, [Buyer Name],

Thank you for your order! It brought to our attention that your payment hasn't been received yet.

The total would be: Item $— + Shipping $— = Total $—.

[Dear, there are only 3 days left to get 10% off, please kindly finish your payment as earlier as you can, thanks.]

[Dear, finish your payment today, then you still have the chance to get a free gift (only for the first 10 customers) .]

If you have any questions, please let us know.

Best Regards,

[Seller Name]

(2) 订单超重导致无法使用小包包邮。

Hi, [Buyer Name],

Unfortunately, free shipping for this item is unavailable; I am sorry for the confusion. Free shipping is only for package weighing less than 2kg, which can be shipped via China Post Air Mail. However, the item you would like to purchase weighs more than 2kg. You can either choose another express carrier, such as UPS or DHL (which will include shipping fees, but are much faster). You can place the orders separately, making sure each order weighs less than 2kg, to take advantage of free shipping.

If you have any questions, please let us know.

Best Regards,

[Seller Name]

(3) 海关收税咨询。

Hi, [Buyer Name],

Thanks for your inquiry and I am happy to contact you.

I understand that you are worried about any possible extra cost for this item. Based on past experience, import taxes falls into two situations.

First, in most countries, it did not involve any extra expense on the buyer side for similarsmall or low – cost items.

Second, in some individual cases, buyers might need to pay some import taxes or customs charges even when their purchase is small. As to specific rates, please consult your local customs office.

If you have any questions, please let us know.

Best Regards,

[Seller Name]

(4) 因为物流风险，无法向买家国家发货。

Hi, [Buyer Name],

Thanks for your inquiry.

I am sorry to inform you that our store is not able to provide shipping service to your country. However, if you plan to ship your orders to other countries, please let us know; hopefully we can accommodate future orders.

I appreciate for your understanding.

Best Regards,

[Seller Name]

（5）订单被砍。

Hi，［Buyer Name］，

Your order has been closed because your credit card has not been approved by ［Platform name］，if you want the item now，we have prepared for you and you can put a new order，Besides，you can pay through western union ，TT payment or try other way too. Also，please contact with the ［Platform name］ initiatively！Good luck！

If you have any questions，please let us know.

Best Regards，
［Seller Name］

第四节　跨境电子商务售前交流与沟通实战

一、速卖通

速卖通平台询盘和订单咨询可以通过两个渠道完成：①站内信；②国际阿里旺旺。站内信可通过卖家后台进入，点击站内信即可见，如图 3 - 14 和图 3 - 15 所示。

图 3 - 14　速卖通站内信

图 3 – 15　速卖通站内信用户对话

国际阿里旺旺如图 3 – 16 所示。

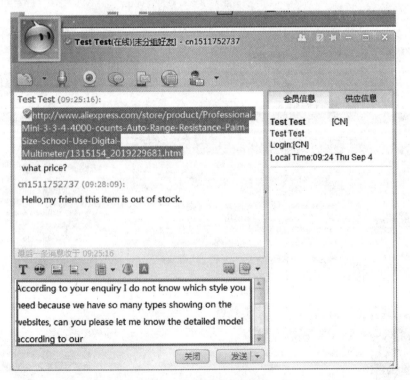

图 3 – 16　国际阿里旺旺

二、敦煌网

敦煌网同样可以通过访问卖家后台，用站内信进行售前沟通交流，如图 3 - 17 所示。

图 3 - 17　敦煌网站内信

 思考与练习

1. 与客户沟通的目的是什么？

2. 售前客户沟通的技巧包含哪些内容？

3. 跨境沟通包括哪些必备的技巧？

4. 跨境平台利用社交媒体可以实现哪些目的？

5. 跨境电子商务售前咨询的内容包括哪些？

第四章　跨境电子商务售后交流与沟通

第一节　跨境电子商务售后交流与沟通概述

一、跨境电子商务售后交流与沟通的定义

沟通本意是指开沟以使两水相通，后来用以泛指使两方相通连，引申为疏通彼此的意见。跨境电子商务所讲的沟通是卖家和用户之间为了达成设定的交易目标，而将信息、思想和情感在卖家和用户间传递，以达成共同交易协议的过程。

售后服务是企业在客户购买商品后对其提供多种形式的服务的总称，其目的在于提高客户满意度，建立客户忠诚。西方管理学者认为在跨境电子商务环境下的服务质量是指在虚拟网络市场上，客户对服务提供物的优越性和质量的总体评价和判断。

二、跨境电子商务售后交流与沟通的重要性

商品在售出后，卖家与客户交流不畅是导致客户不再来店进行二次消费的关键因素。作为跨境电子商务店铺营销的"锦上添花"之举，售后交流与沟通这个环节，在交易达成之后依然发挥着重要的作用——之前的工作做得再好，即使交易已经达成，在与客户沟通不畅的情况下，订单将变为一次性的交易行为，这不仅不利于培养忠诚的客户群体，还有可能导致店铺的口碑和声誉受损。

三、跨境电子商务售后交流与沟通的特点

1. 跨境电子商务与传统外贸在售后交流与沟通上的相同点

从时效性和完整性的角度来看与客户的售后交流和沟通。

这里说的时效性是指，无论是传统外贸中的售后回访、纠纷解决和处理，还是跨境电子商务中的发货、退货以及差评处理，只有把握客户的节奏和时间并做出最快的反应，才能够把握主动。

完整性则是指在售后交流和沟通时充分重视客户意见。简单来讲，如果客户只是对商品的某部分瑕疵提出了异议，那么店铺卖家就应该做好一切准备，提供包括商品质量、用户回馈、关联商品、退换货条款等售后服务的一切相关信息。只有做到以上附带信息的完整性，才算是做到真正的完整沟通。

2. 跨境电子商务与传统外贸在售后沟通与交流上的不同点

（1）无法预知对手

在传统的外贸竞单中我们可以和自己的竞争对手做更多的交流，因此我们可以与竞争对手进行比较，能够看清自己售后服务的不足和对手的实力。但是，在 B2C、C2C 等跨境电子商务平台上，成千上万的卖家和店铺每天都在平台上进行各种操作，往往无法及时对其他竞争对手的售后服务沟通状况做出认知和判断。也许你的店铺的售后交流与沟通的技巧已经在无意中模仿了他人，这其实已经慢人一步了。

（2）终端消费者居多

这是由跨境电子商务平台的零售性特点决定的。客户往往是网上有充分购物经验，或者愿意尝试网购的广大终端消费者，他们的购买目的极其简单，基本是自己购买自己使用，因此对商品的质量和价格要求会格外苛刻，也更容易产生售后的商品纠纷。卖家需要以更大的耐心和更丰富的技巧与消费者进行售后服务的交流和沟通，并且在售后沟通中紧紧抓住客户的群体特征。

（3）人性化服务

以人为本是跨境电子商务的生命线。随着跨境电子商务竞争的日益激烈，店铺间竞争往往不再是价格、质量，而是服务体验之间的竞争。因此作为一单电子商务交易的最后一个环节，售后交流与沟通应更加体现服务人性化的特点，店铺商家必须比传统外贸更加关注客户的心情、要求、顾虑和诉求。

（4）不可感知性

电子商务模式下的售后服务具体为"表现"而非实物，是某种形式的"客户体验"，所以必须有效地让客户感受到。比如可以通过售后服务咨询、商品注意细节、商品故障维修咨询等把服务的质量"有形"地传达给客户。

（5）跨时空性

跨境电子商务的特点之一就是跨时空性。目前的跨境电子商务交易中，绝大多数的客户与卖家无法处于同一时空。即客户和卖家可能不在同一个国家，存在空间上的巨大跨越性，不同国家往往处在不同时区，因此又存在时间上的巨大跨越性。但是相应的售后服务必须提供给不同的地理位置、不同时区的客户，服务才算完成。

（6）灵活性

跨境电子商务被西方学者比喻为"积木式"的功能设计。这个比喻恰当地体现了电子商务的灵活性——大规模的定制。为客户量身打造个性化商品与服务是一种以客户为中心的管理方法，也是跨境电子商务成功必须采取的经营方式。根据客户的要求适时提供或者改变服务的内容和方式，是提高客户满意度的有效方式。

第二节　跨境电子商务售后常见纠纷及解决方案

在跨境电子商务实际业务中，售后纠纷常见的有客户对资费不满、客户未收到商品、商品与描述不符等情况。这里我们分别来分析一下发生这些情况的可能原因及具体解决方案。

一、客户对资费不满

1. 免邮费（FreeShipping）与部分国家实际进口政策之间的差异

众所周知，大部分卖家为了吸引客户，往往会在产品描述页面，标注"免邮费（FreeShipping）"的字样，实际上大多时候，卖家也都能做到免邮费。但是有时会忽略一些国家的进口政策。比如在美国，高于 500 美元申报价值的商品，必须按照重量收取进口关税；再比如，在加拿大和澳大利亚，高于 20 美元的商品要收取关税；英国、德国等欧洲国家商品的申报价值必须是在 20～25 美元，一旦超出额度，相关国家的海关将会对商品收取更高额度的关税。

而一旦有关税产生，客户必须支付货款和关税后才能从海关取走商品。因此，常常会有客户会因为不了解本国的关税政策，而认为卖家不讲诚信。还有一些比较极端的客户会因为需要支付额外的费用而直接拒绝签收。这些都是潜在的负面评价和纠纷，因此在发送商业快递的时候，要注意填写申报价值，对于价值很高的邮件，要提前和客户沟通好。如果已经发生纠纷的，需要耐心向客户解释相关的政策和原因，如果由于自己的疏忽，没有在交易达成前向客户履行告知义务，应当主动向客户表达歉意，在照顾客户情绪的前提下，协商出双方都能接受的解决方案。

一般来讲，此类情况的解决方案有以下三种：

①说服客户认可本国的关税政策，同意支付关税，并签收商品。这种解决方案，一般只适用于卖家无任何过错，并且已经在发货前向客户告知了该国的相关关税政策的情况下。

②在卖家全部承担，或者与客户共同承担关税后，客户签收商品。这种解决方案，适用于卖家未履行告知义务，或未履行全部告知义务的情况下。需要注意的是，当该商品的利润低于关税额度，但高于退货成本时，本方案有效。

③当协商失败，按方案②核算，卖家协商后承担的关税成本高于退货造成的成本时，可以让客户直接进入退货流程。注意，即便进入退货流程，卖家依然需要向客户耐心道歉，以求得客户谅解。因为这关系到客户对卖家的评价是否客观，客户对卖家的信任，以及卖家的口碑。

2. 跨境支付造成的额外费用

当前世界上主要的几家跨境电子商务平台，如亚马逊、速卖通、E-bay 等，在交易支付的过程中都是不收取任何费用的。但是由于客户支付手段的不同，不同银行的跨境支付政策的不同，有可能导致额外的费用。客户在不知情的前提下，可能会误认为卖家不守诚信，多收取了额外的费用，从而导致交易纠纷，或者给出卖方店铺负面评价。

出现这种情况时，卖家应当首先尊重客户的情绪，并且尽可能地稳定和平复这种情绪。但要注意的是，当卖家在纠纷中确无过错，并且主观无法预料银行收取额外费用的具体情况时，卖家尽量不要采取认错的态度，如出现"对不起、不好意思、我向您道歉"等语言，以免为日后纠纷造成更多不必要的被动和麻烦。当客户激动的情绪恢复平静后，应当向客户建议联系其相关银行，问清楚是否收加支付手续费用。

二、客户未收到商品

1. 物流状态显示商品在途，客户缺乏耐心等待

通常情况下，快递公司的物流状态显示还在途中表示商品还未送达，并不意味着更大的快递丢失风险。然而部分客户性格比较急躁，急于收到商品，在等待快递的过程中，容易失去耐心。这就需要卖家抱着极大的耐心与客户沟通，并且用积极的心态做好重复沟通的准备，因为这部分客户往往对于快递的到货日期存在焦虑感，会对此问题形成内心纠结，并反复向卖家询问甚至产生纠纷。

如果物流和快递公司确实因为某些特殊原因，导致快件迟迟不能送达（但尚未确认丢件），并且已经超出了约定的快件送达时间。此时，绝大部分客户会担心自己的权益得不到保障而提起纠纷。在这种情况下，卖家应当允许客户延期支付货款，并且帮助客户与快递公司取得联系，迅速弄清快递去向，只要客户的商品还未丢失，都有机

会帮助客户挽回损失，赢得客户信任。

2. 海关扣关

即交易订单的商品因为海关要求所涉及的原因而被进口国海关扣留，导致客户收不到快递。通常情况下，进口国海关要求所涉及的原因包括：

①该商品为限制进口的商品。

②关税超过原先预估或客户反悔从而拒绝支付关税，导致商品不能清关而被扣押。

③该商品为假冒伪劣商品，被进口国海关直接销毁。

④该商品的申报价值与实际价值不符，导致客户必须在进口国支付罚金。

⑤卖家无法出具进口国海关要求卖家提供的相关文件、商品档案或其他要件。

⑥客户无法出具进口国海关要求客户提供的相关文件、商品档案或其他要件。

当商品被海关扣留时，常见的物流状态会显示为：

①Handed over to customs（清关延误，EMS 公司）

②Clearance delay（DHL 公司）

各国的海关法规复杂而多样，往往让自身也很难完全明白自己国家的相关法律规定。因此，卖家应该对自己主要客源国的海关法了如指掌。在客户下单之初，卖家对客户负有进口国海关法规的告知义务，并且必须在确定客户完全清楚地理解卖家的解释意图后，再与客户达成交易；卖家负有向进口国海关如实填报进口商品价值及其他相关数据或技术参数的义务；卖家应当积极主动地向进口国海关提供关于该商品的有效文件，并积极协助客户向自己国家的海关提供关于该商品的有效文件；卖家应该积极帮助客户准确计算进口所需关税。

当由于海关扣押商品发生纠纷，而且卖家并非过错方时，卖家除了与进口国海关、快递公司、客户保持积极有效的沟通和交流外，还应当开始积极准备证据：梳理和追溯商品发出后的物流踪迹；及时了解扣关原因；开始尽可能地向跨境电子商务平台提供相关信息和证据，做好应对跨境电子商务平台纠纷裁决的一切准备，努力将自己的损失降到最低。

3. 包裹原件退回

交易订单的商品因为客户收货地址有误或不完整而无法投送，或因为客户原因没有签收商品，导致包裹被直接退回给卖家。

如果因为卖家过失导致地址错误，使得商品被退件的，卖家应当在第一时间与客户进行沟通和交流：进行诚恳的道歉；询问正确的地址；承担二次发货造成的成本和费用；在最短的时间内再次发送快递。这种情况下，卖家可以考虑给予客户该件商品一定的折扣、返利或赠品，以弥补客户在物流过程中的时间损失，挽回客户信任。

如果由于客户原因导致的地址错误，使得商品被退件的，卖家应当在第一时间与客户进行有效沟通和交流：向客户表明本次疏失的主要责任不在于卖家而在于客户自身；向客户出具相关的证据，如物流公司的查单、物流公司内部发出的邮件证明、与客户的聊天记录等；尽可能说服客户并争取以准确的地址再次寄送商品；协商未果时，引导客户启动退件流程。全过程需要耐心地与客户沟通，避免不必要的冲突和摩擦，尽可能减少客户的愤怒情绪和对店铺的负面评价。

4. 包裹被寄往或投送到非客户地址

该问题的发生是由于卖家或客户自己写错了收货地址，或快递公司误将包裹寄往了非买家地址，导致客户无法正常签收包裹。

如果客户有允分的耐心等待，或发现及时并未发生长时间的寄送延迟，卖家应首先尝试与物流快递公司联系，更正客户的收货地址，争取在更改后，买家仍能在约定的时间内收到包裹。若无法更正或更改后客户仍未收到包裹，则买家必须尽快联系物流快递公司申请退件，迅速取回包裹以减少损失。

全过程中卖家应积极与客户取得联系，向客户说明和解释当前状况，争取客户的谅解。如果超过规定时间包裹仍未送达，或确认包裹无法送达，则应与客户协商新的解决方案。

5. 物流显示商品已妥投，但客户却表示未签收包裹

物流公司显示货物已经妥投，但是客户却以未收到包裹为由提起纠纷或退款申请。这是一种极难处理的情况，因为在这种情况下，我们通常无法判断客户是真的没有收到包裹还是故意引发纠纷。

出现这种情况时，卖家通常应当一边与客户积极沟通和交流，尽可能与客户达成一致意见，找到一个双方都能接受的解决方法；另一边积极准备应对跨境电子商务平台纠纷仲裁的准备，比如着手收集或整理该包裹已被妥投的相关证明材料，如：物流公司的物流信息截图、妥投证明、物流公司开具的书面证明、物流公司直接参与投送该包裹工作人员的证言证词等。

6. 客户拒签

客户拒签包括有理由拒签和无理由拒签。有理由拒签，即当包裹递送到客户（包括客户代表）手中时，客户发现包裹或商品存在肉眼可见的明显损坏或与订单不符的情况，如破损、短装、商品与描述差别太大等情况，导致客户当场拒绝签收。无理由拒签，即商品递送到客户（包括客户代表）时，客户无理由而直接拒绝签收。

如果客户有理由拒签，如果责任过错确实在卖家一方，则卖家应当积极承担过错，主动承担相应的损失和责任，在沟通过程中尽力取得客户的谅解并重新发货，并给予客户一定的折扣和优惠，一般情况下，都能取得完美的解决。

如果客户无理由拒签，则卖家应当与客户积极沟通和交流，搞清客户拒签的原因；积极与客户协商双方都能接受的解决途径；尊重客户的情绪，谅解客户的现实处境。如果交流协商未果或谈判破裂并发展为纠纷的话，卖家应当积极应对跨境电子商务平台可能介入的纠纷裁决，保留相应的证据，如聊天记录、发货物流底单等。

7. 物流中途丢件

由于物流公司的原因导致包裹丢失，卖家应当向客户解释包裹丢失的不可预料性和偶然性，并在尊重客户情绪的情况下，积极取得买家的谅解并让客户意识到卖家解决这件事的决心和诚意。之后向客户重新发货，并且及时给客户新的运单信息。一般情况下，只要卖家与客户积极沟通，善意交流，并拥有足够的诚意，此类物流原因丢失包裹的事件是很容易解决的。

三、客户收到商品与约定不符

1. 商品与描述不符

有时候为了使自己的商品看起来比较吸引客户，卖家会在商品图片的处理上或多或少添加一些商品本身没有的效果。这样就给了客户一个美好的心理预期，让客户满怀期待地等待。然而一旦收到实物后感觉与图片差距过大，客户就会非常失望，他们通常会在第一时间质询，为什么颜色或者形状与图片有差异。

此时卖家就应当开始警惕，因为客户在收到商品的一定时间内，是可以对店铺做出评价的，并且在尚未确认收货之前客户还可以对自己不满意的订单提出退款要求。对于这类客户的沟通要点是，卖家要主动的去解释，提供原有的图片，如果只有因小部分的图片修饰处理造成的色差，合理的解释还可以赢得客户的信任，而且在这个过程中要多表现卖家对客户的重视，适当给予下次订单的优惠和折扣。真诚地道歉往往可以将小事化了，向客户争取正面评价。

卖家在上传商品图片的时候应当上传一些多角度的细节图片，或者可以上传一张没有修饰过的商品图片，尽量使客户有全面的视觉印象，避免不必要的投诉和负面评价。

2. 商品本身的质量问题

对于单纯因商品质量问题而产生的负面评价或纠纷，本身是比较好解决的。首先，得到负面评价或遭到投诉后，卖家应该在第一时间和客户取得联系，询问对产品不满意的具体原因。在此基础上，卖家应提醒客户承担相应的举证责任，为自己的投诉和负面评价提供相关证据。同时，卖家应当查询相关记录，比如出货记录，查找相同时间或临近时间内其他同批次产品的客户反馈，分析和评估该批次产品的商品质量。如果确实存在客户反应的问题，应当及时积极解决，通过退款或换货的方式，重新挽回客户的信任，消除负面评价和其他不良影响。

四、客户原因造成的其他问题

1. 客户使用不当导致的商品损坏

对于客户个人使用不当导致的负面评价和相关纠纷，解决起来是有一定难度的。一般来说在卖家与客户的沟通和交流中，有两种方案：①如果以消除负面影响或负面评价为目的，就应该向客户解释为什么会出现这样的质量问题，到底在操作过程中存在哪些不正确的地方，最后和客户协商，找出一种双方都能接受的解决方案并扭转客户的负面评价和不良影响。②如果客户拒绝沟通协商或买卖双方交流协商未果，则卖家在选择在客户负面评价的留言板处进行回复和解释，并附上产品的使用说明及注意事项。这种解释和回复并不针对当前的客户，而是针对进入店铺浏览的其他客户，也就是一种差评营销，其目的是使其他客户能够清晰地看清负面评价产生的原因，使其他客户迅速明白该负面评价产生的主要责任并不应由卖家承担。这种方法是卖家在与客户沟通失败或协商未果时不得不采取的方法。

为了避免上述情况的产生，建议卖家根据各自的行业规则、从业经验总结出各自产品配套的使用说明和注意事项，并在店铺主页贴出，最好打印出来随商品一起送出，凸显人性化的服务。

2. 客户的要求没有得到完全满足

有很多客户在下订单之初，就会给卖家留言，表达该商品的用途和自己对该商品的期望等，比如"这是为我的婚礼准备的，请不要让我失望。"遇到类似这样的订单，卖家应该首先交代发运人员和快递人员，严格注意该订单的商品质量及外包装。其次，如果该订单的价值极低，而客户又对该订单抱有不符合实际价值的期望值，如廉价的首饰，这种情况下为了避免纠纷或不良影响，卖家应该考虑适当压缩或减少盈利去满足这个客户的心理预期。

如果满足了客户对商品的各种细节要求，在发货之前准确把握客户的消费心理，上述情况引起的一些不必要的负面评价，是完全可以避免的。

3. 恶意纠纷

纠纷有很多种，其中最令卖家难以处理的就是各种各样的恶意纠纷。由于客户是出于某种利益目的而刻意制造了纠纷和摩擦，因此卖家在遇到此类纠纷并与客户进行沟通时，就会变得格外困难——因为如果卖家的妥协和让步不能达到客户的心理预期或无法满足客户的利益诉求，这种纠纷往往是无法解决的。

因此，卖家所能采取的应对手段无非以下两种：

①在可接受的范围内，进行适当的让步和妥协，尽可能与客户达成一致意见，做到大事化小，小事化无。

②如果遇到极其明显和过分的恶意纠纷，并且协商未果时，卖家应当给予跨境电子商务平台以充分的信任，积极准备相关证据和材料，接受跨境电子商务平台的仲裁结果。因为当前世界各主要电子商务平台都有一套既能兼顾卖家又能兼顾客户的相对公平的纠纷处理和解决规则，卖家应当给予其一定的信任。

五、与客户交流和沟通时应当注意的要点

总而言之，卖家在与客户进行售后交流与沟通时，情况复杂多变且极易发生纠纷，但其实并不可怕。卖家在与客户交流和沟通时，应注意以下三个要点：

1. 尊重并理解客户的情绪和情景

站在客户的角度考虑，出现问题想办法一起解决，而不是只考虑自己的利益。孔子说，己所不欲，勿施于人。谁都不愿意无缘无故地承担损失，作为卖家，在一定的承受范围内应尽量让客户减少损失，短期来看可能卖家承担了一部分成本和损失，但同时卖家可以为自己赢得更多更长远的机会和利益。

2. 有效沟通

①及时回应：客户不满意时，卖家应当马上做出反应，与客户进行友好协商。例如，客户迟迟没有收到包裹，在卖家可承受的范围内可以给客户重新发送货物或及时给出其他替代方案；如果客户对商品质量或其他方面不满，卖家应当与客户进行协商，提前考虑好解决方案。

②沟通技巧：卖家在与客户进行沟通时，应当随时注意客户的心理变化。当客户不满意时，尽量引导客户向着保留订单的方向发展，同时可以适当让步，满足客户的一些其他要求；当出现退款时，尽量引导客户达成部分退款协议，尽可能避免全额退款。努力做到：即使商品不能让客户满意，卖家的服务态度也要让客户无可挑剔。

3. 保留证据

卖家要时刻注意，每一笔订单在交易过程中的有效信息都应当保留下来，当出现纠纷时能够作为证据被卖家及时有效地提出，以便帮助卖家将问题向着更有利于自己的方向解决。交易过程中及时充分地举证，将相关信息提供给客户进行协商和谈判，或者提供给所在的跨境电子商务平台帮助仲裁。卖家和客户的纠纷和摩擦并不可怕，只要卖家在交易中充分做好举证准备，在心态上一切以买家满意为目标，纠纷一定会得到合理妥善的解决。

第三节　跨境电子商务售后交流与沟通实战

在本节内容中，以中英文双语的方式，向同学们介绍售后交流与沟通的几种常用的模板。

一、已发货并告知客户

Dear ×××,

Thank you for shopping with us.

We have shipped out your order（order ID：×××）on Feb. 10th by EMS. The tracking number is ×××. It will take 5 – 10 workdays to reach your destination, but please check the tracking number for updated information. Thank you for your patience！

If you have any further questions, please feel free to contact me.

Best regards.

尊敬的×××,

非常感谢您光顾本店。

我们已将您购买的商品（订单号：×××）于2月10日通过EMS快递向您寄出。快递单号为：×××。预计快递公司将于5~10个工作日内送达，请您记录快递单号并随时查阅快递信息。感谢您在此期间的耐心等待！

如果您有任何其他问题需要解决，欢迎随时联系我们。

致以最真挚的问候。

二、由于物流风险，卖家无法向客户所在的进口国发货

Dear ×××,

Thank you for your inquiry.

I am sorry to inform you that our store is not able to provide shipping service to your country. However, if you plan to ship your orders to other countries, please let me know; hopefully we can accommodate future orders.

I appreciate for your understanding!

Sincerely!

尊敬的×××,

感谢您光顾本店。

我很遗憾地通知您,本店铺尚无法向您所在的国家发送快递。不过,若您打算将您的订单发往其他国家,请您通知我。希望您以后继续光顾本店。

非常感谢您的理解和支持!

向您表达诚挚的歉意。

三、由于商品超重,无法享受免除邮费的服务

Dear ×××,

Unfortunately, free shipping for this item is unavailable; I am sorry for the confusion. Free shipping is only for packages weighing less than 2kg, which can be shipped via China Post Air Mail. However, the item you would like to purchase weighs more than 2kg. You can either choose another express carrier, such as UPS or DHL (which will include shipping fees, but are much faster). You can place the orders separately, making sure each order weighs less than 2kg, to take advantage of free shipping.

If you have any further questions, please feel free to contact me.

Best regards.

尊敬的×××,

非常遗憾地告诉您,您所选购的商品无法提供免费邮寄服务,对此我深表歉意。本店铺能够免费邮寄仅限于重量在2kg以下,并且可以通过中国邮政航空邮件发运的商品,可惜您本次购买的商品重量超过了2kg。您也可以选择其他的快递公司,如UPS或DHL(当然即使更换快递公司,您也需要另外支付快递费用,但是这些快递公司的物流速度更快)。此外,您还可以选择将您的商品分成多个包裹发送,确保每个包裹的

重量小于 2kg 的话，您依然可以享受免邮费的服务。

如果您有任何其他问题需要解决，欢迎您随时联系我。

致以最真挚的问候。

四、遇到物流问题

Dear ×××,

Thank you for your inquiry. I am happy to contact you.

We would like to confirm that we sent the package on 16 Jan, 2015. However, we were informed package did not arrive due to shipping problems with the delivery company. We have resent your order by EMS; the new tracking number is: ×××. It usually takes 7 days to arrive to your destination. We are very sorry for the inconvenience. Thank you for your patience.

If you have any questions, please feel free to contact me.

Best regards.

尊敬的 ×××,

非常感谢您垂询本店，我很荣幸为您服务。

我们于 2015 年 1 月 16 日向您寄出了你所订购的商品，但由于快递公司的原因导致您的商品暂时无法送达。我们已将您的订单通过 EMS 重新寄出，新的快递单号是：×××，通常 7 日内送到。我们再次为给您带来的不便表示歉意。非常感谢您的耐心和谅解。

如果您有任何问题，欢迎随时联系。

致以最真挚的问候。

五、客户需要提供样品，而卖家无法提供样品

Dear ×××,

Thank you for your inquiry. I am happy to contact you.

Regarding your request, I am very sorry to inform you that we are not able to offer free samples. To check out our products we recommend ordering just one unit of the product (the price may be a little bit higher than ordering a lot). Otherwise, you can order the full quantity. We can assure the quality every piece of our product is carefully examined by our working staff. We believe trustworthiness is the key to a successful business.

If you have any further questions, please feel free to contact me.

Best regards.

尊敬的×××,

非常感谢您光顾本店,我很荣幸为您服务。

关于您提出的提供样品的要求,我很遗憾地通知您,本店铺不提供免费的样品。如果您对我们的商品不够放心,需要一个样品验证,那么我建议您首先购买我们的一个单件商品(单件购买的价格也许会略高于大量购买的价格)。当然,我们更希望您直接购买您所需数量的商品,我们可以为我们店铺的每一件商品提供质量保证,因为我们相信诚信是做生意的基石。

如果您有任何其他问题,欢迎随时联系。

致以最真挚的问候。

六、海关税

Dear ×××,

Thank you for your inquiry. I am happy to contact you.

I understand that you are worried about any possible extra cost for this item. Based on past experience, import taxes falls into two situations.

First, in most countries, it did not involve any extra expense on the buyer side for similar small or low - cost items.

Second, in some individual cases, buyers might to pay some import taxes or customs charges even when their purchase is small. As to specific rates, please consult your local customs office.

I appreciate for your understanding!

Sincerely!

尊敬的×××,

感谢您垂询本店,我很荣幸为您服务。

我非常理解您关于本次购物可能产生其他费用的担忧。根据我以往的经验,海关的进口关税分为两种情况:

第一种情况,在大部分国家,像您所购买的类似小件或低价商品不会给您带来任何关税费用。

第二种情况,在某些特殊情况下,买家还是要为自己所购买的哪怕是小件商品缴纳进口关税或消费税。至于具体的税率，您只能去咨询您所在国家的海关部门。

我非常感谢您的理解！

再次向您表示由衷的歉意！

七、关于付款，以折扣即将结束的场景为例

Dear ×××,

Thank you for the message. Please note that there are only 3 days left to get 10% off by making payments with escrow（credit card, visa, master card, money bookers or western union）. Please make the payment as soon as possible. I will also send you an additional gift to show our appreciation.

Please let me know for any further questions. Thanks.

Best regards.

尊敬的×××,

非常感谢您的留言。请您注意，距离该商品的 9 折优惠活动结束还有三天的时间，请您尽快完成支付。您可以采用的支付手段有：信用卡，Visa 卡，万事达卡，Moneybookers 网上支付，或西联汇款。如果您在活动期间付款，我们还将向您赠送一份精美的礼品。

欢迎您向我咨询更多的问题，谢谢。

致以最真挚的问候。

八、提醒客户尽早付款

Dear ×××

We appreciated your purchase from us. However, we noticed you that haven't made the payment yet. This is a friendly reminder to you to complete the payment transaction as soon as possible. Instant payments are very important; the earlier you pay, the sooner you will get the item.

If you have any problems making the payment, or if you don't want to go through with the order, please let us know. We can help you to resolve the payment problems or cancel the order.

Thanks again! Looking forward to hearing from you soon.

Best regards.

尊敬的×××，

非常感谢您选择在本店购买商品。不过，我们注意到您还没有确认支付货款。所以今天我们特意向您发出一个友好的提醒，希望您能尽快确认付款。您越早支付，我们就可以越早地给您发货。

如果您付款时遇到任何问题，或者您想取消这个订单，请通知我们。我们会帮助您解决付款遇到的问题，或者帮助您取消这个订单。

再次向您表示感谢，期待您的回复。

致以最真挚的问候。

九、退换货

Dear×××，

I am sorry for the inconvenience. If you are not satisfied with the products, you can return them to us.

When we receive the goods, we will give you a replacement or give you a full refund. We hope to do business with you for a long time.

We will give you a big discount for your next order.

Best regards.

尊敬的×××，

很抱歉给您带来的不便。如果您对本店铺的商品不满意，您可以将该商品退还给我们。

收到货物后，我们将为您换货或者全额退款。希望能与您建立长期的贸易伙伴关系。

您下次光临本店时，我们也会为您提供本店最优惠的折扣。

致以最真挚的问候。

 思考与练习

1. 列举跨境电子商务售后常见的纠纷并说明解决方案。

2. 总结与客户开展售后交流与沟通时应注意的要点。

3. 假设你是一个假发类产品跨境电子商务卖家，客户收到你的产品后提出有一点品质瑕疵，请以此为主题写一封英文邮件给客户，最大化地降低自己的损失。

第五章　跨境电子商务争议处置

随着互联网技术的进步与发展，客户只要轻点鼠标就能在小小的网站上销售或者购买全球的产品，跨境电子商务交易由于其特殊的交易媒介和交易方式，与传统国际贸易有很大区别，所出现的交易纠纷也不完全能够使用传统国际贸易的方式进行解决，但跨境电子商务的争议却要比传统贸易的纠纷更加繁琐，出现的问题更多，如何规范交易平台上的卖家和买家的交易活动以及保障交易流程的顺利进行，出现了争议如何处理，是每一位跨境电子商务人应该学习的必修课。

第一节　跨境电子商务常见平台规则

交易平台是联系销售者和消费者的桥梁，是跨境电子商务交易的核心问题，直接关系到跨境电子商务网络交易活动的顺利开展和持续发展。平台规则在约束、规范和管理跨境电子商务的整个业务操作过程中起着举足轻重的作用，一个合理的平台规则，对买卖双方的权益的保护不容忽视，同时也是跨境电子商务能否长久生存下去的基本保障。

每一位想参与跨境电子商务的买家、卖家都应该对各大跨境电子商务的运营网站的平台规则有所了解，遵守规则，为自己顺利地进行跨境电子商务交易保驾护航。

目前在中国，快速发展的跨境电子商务网站：阿里巴巴全球速卖通在线交易平台（http://seller. aliexpress. com）、敦煌网中小商家的快速交易平台（http://seller. dhgate. com/）、e - Bay（http://www.ebay.com）中，尽管每个交易平台都有自己独立的、完整的跨境电子商务平台规则，每个平台规则也都不相同，但大体上都设计以下几个方面的内容：卖家规则、产品发布规则、行业准入规则、违规及处罚规则。

一、卖家规则

在未曾谋面的跨境电子商务的交易中，卖家的信誉、对商品的如实的描述、按时发货、对买家的索赔的处理均关系到交易的顺利完成，因此，对卖家的基本义务、卖家的账户管理规则、卖家的行为规则要进行首先的规定。

（一）卖家基本义务

（1）遵守国家法律和网站规则。卖家应遵守国家法律、行政法规、部门规章等规范性法律文件的规定，同时卖家在网络平台上的任何行为应遵守网站各项规则。

（2）知识产权保护规则。卖家应尊重他人的知识产权，平台严禁卖家未经任何授权发布、销售涉及第三方知识产权权利的产品。

（3）诚信经营规则。卖家应恪守诚信经营原则，及时履行订单交货义务，兑现服务承诺，不得出现虚假交易、虚假发货或不对等、不履行附送小礼品等不诚信的行为，同时卖家还要履行对卖品的如实描述的义务，在整个交易平台的页面中，履行对货物的品名、规格、型号、式样、质地、属性、成色、瑕疵的真实、完整地如实描述的义务。保证货物具有其描述的功能并能正常使用。

（二）卖家账户规则

1. 卖家账户注册规则

要成为跨境电子商务卖家的年龄一般为 18～70 周岁，应为中华人民共和国大陆公民。卖家注册时所使用的邮箱和店铺的取名均不得包含违背国家法律和法规规定。卖家账户登录名不能含有邮箱地址、网址、电话号码等信息。一般情况下，一个会员只能开立一个出售商品的平台账户进行交易，并对此账户进行身份认证，禁止出售、出借和转让平台账户。中国大陆卖家不得利用平台信息注册为买家账户，平台有权对卖家本人注册的邮箱进行验证，一旦发现虚假注册为买家将会被取消注册并永远不得再次注册。平台有权终止、收回通过身份认证的且连续一年未登录的账户。

2. 卖家账户修改规则

（1）不可修改的卖家信息。为保证卖家账户的安全性，卖家账户信息的真实性和完整性，对卖家账户的登录名，登录名是固定唯一的，不可修改；个人用户的注册人姓名和身份证号应一致，须为注册人真实的身份信息，不可修改；企业用户的公司名称和公司注册号应一致，须为注册公司的真实信息，不可修改。

（2）限制修改的卖家信息。企业用户主持人姓名为该公司法人代表，卖家如果更换法人代表后，企业要对新的注册人进行授权，平台会对新的注册人身份进行验证；

手机号、邮箱信息应为个人注册的真实有效的手机、邮箱信息，如果更改手机号码或邮箱，平台需要重新进行手机、邮箱信息认证；个人用户卖家的人民币账户开户人的姓名需要与主持人姓名一致，企业用户的卖家人民币账户开户账户的姓名需要与注册人姓名或公司法人姓名或公司名称一致，需要修改银行账户信息，需要获得网站平台的特别许可。

（3）可以修改的卖家信息。可以修改的卖家信息包括但不限于，例如，密码、电话、传真号码、地址、邮编、工厂信息、退货地址等非包含买卖双方实体利益的信息。

3．卖家账户放款规则

所谓放款，指的是网站将卖家已经完成的订单款项转移到卖家所在的虚拟账户中。卖家放款规则分为两种：

（1）正常放款规则。目前网站均支持 EMS、DHL、TNT、ChinaPost 等在线跟踪货运方式，在买家主动确认签收订单信息时，网站会核实订单的货运信息，若订单查询已妥投，且妥投的信息和订单的信息一致，将订单款项放款至卖家虚拟账户，订单完成。在买家未主动确认签收订单，卖家请款，网站会根据卖家上传的运单号核实妥投情况做出两种处理：第一类为妥投且时间、邮编及签收人都一致，在这种情况下，发送催点信给买家，买家在若干天，例如，5 日内没有发起任何投诉、协议或纠纷，也没有邮件回复，网站将会把款项防至卖家虚拟账户，订单完成。第二类为部分未妥投或全部未妥投或吴查询信息，卖家填写完最后一个货运单号后 120 天，网站放款到卖家虚拟账户，订单完成。

（2）异常账户放款规则。卖家账户及交易出现以下情况时，账户放款将被延缓或暂停：订单当前有不规范操作的行为。有不规范操作额行为的订单放款将会延迟，不规范操作去除后，放款流程将会继续。卖方当前账户的纠纷率过高时，卖方账户放款将会迟延。卖方账户及交易表现异常时，网站会人工介入必要的调查，根据其异常程度，卖家账户订单的放款将被延期或者无固定期暂停。

（三）卖方行为规则

卖方在网站不得有如下的违反行为规则：

1．信用、销售量炒作

所谓信用、销售量炒作是指通过不正当的手段提高账户的好评率或商品销售量，影响买家选择和高效购物的权益，以下行为可以判定为信用、销售量炒作行为：

（1）卖家注册买家账户或者与国外买家串通，在自己账户或他人账户进行交易，蓄意提高自己或降低他人的信用的行为。

（2）卖家限制单个订单购买数量，使买家产生多个订单，蓄意提高自己信用的行为。

卖家出现这样的信用、销售量操作的违规行为，以敦煌网为例，将会视其严重程度分别给予黄牌、删除好评分数和销售个数，冻结 7 天、冻结 30 天账户等不同的处罚。

2. 虚假交易

虚假交易是指买卖双方在无真实交易的情况下虚假发货或无发货的情形，以达到套现、洗钱、欺诈的目的的行为。

虚假交易的情形如下：

卖方一旦出现虚假交易的情形，网站将会立即关闭或终止账户。

3. 不正当竞争行为

不正当竞争行为是指为了提高自己的信誉运用不正当的手段损害网站其他卖家的权益的行为。以下行为被认定为不正当竞争行为：

（1）卖家在平台其他经营类似买家下单，给予差评。

（2）卖家为提高销量，在网站平台的销售价格明显低于市场价格或者网站其他同类产品的价格，促销或活动商品除外，给买家造成误导。

网站将视其严重程度分别给予黄牌、冻结 7 天账户、冻结 30 天账户的处罚。

4. 诱导买家提前收货

指卖家为了缩短货款到账时间，通过各种方式诱导买家在未收到货的情况下提前确认收货，并造成平台和买家损失。

遇到此种情况，平台将视其违规的次数和严重程度分别给予黄牌、冻结 7 天账户、冻结 30 天账户、关闭账号的处罚。

5. 发布违规信息

通过网站提供的信息沟通发布平台所禁止的文字或图片信息，违规行为表现如下：

卖家以转移买家资源为目的，发布与网站类似竞争网站店铺信息，卖家自有网站信息等；出现具有反动性、攻击性、侮辱性、色情、暴力言语的信息；诱导买家登录或注册其他网站为目的的各种形式的宣传信息或者利用其他软件群发信息等；留有私人收款信息等；其他类似的行为。

遇此情形，平台将会根据违规次数和严重程度分别给予删除违规信息、黄牌、冻结 7 天账户、冻结 30 天账户、关闭账户的处罚。

6. 恶意骚扰

指卖家在交易中或交易后对买家或平台工作人员采取恶劣手段进行骚扰、辱骂，以达到卖家的各种目的的行为。

平台网站将视其骚扰次数和严重程度分别给予黄牌、冻结 7 天账户、冻结 30 天账户、关闭账户的处罚。

7. 引导买家线下交易

指网站为了保护买卖双方的交易安全都规定双方必须通过网站平台提供的支付方式进行交易，禁止卖家以任何方式引导买家使用其他的支付方式、贸易方式进行线下的交易。平台对买卖双方线下交易的损失不负任何责任，也不提供任何帮助与保护。

卖家一旦引导买家进行线下交易，一经核实，敦煌网将给予立即关闭或终止账户的处罚，而速卖通网站将视情节严重程度不同分别给予 2 分、12 分、48 分的处罚。

8. 非正常途径经营

指卖家向网站工作人员贿赂各种名义财物，以换取特殊优待或者谋取不正当利益为目标的行为。

平台将根据其行为的严重程度及违规次数，例如敦煌网将会分别给予黄牌、冻结 7 天、冻结账户 30 天等的处罚。

二、卖家产品发布规则

（一）禁止销售（限售）的产品规则

禁止限售的产品是指网站卖家禁止销售国家法律规定的禁售产品；禁止销售买家所在国家的当地法律法规规定的禁售产品；禁止销售网站平台规定的禁止销售的产品。

1. 禁止销售的产品

（1）毒品类：毒品、麻醉品、制毒原料、制毒化学品、致瘾性药物；帮助走私、存储、贩卖、运输、制造、使用毒品的工具；制作毒品的方法、书籍；吸毒工具及配件。

（2）枪支武器类：枪支、弹药、武器、军火或相关器材、配件、仿制品、消音器；弹药、炸弹产品；核武器等其他大规模杀伤性产品。

（3）医疗药品：处方药、非处方药（包括药膏、喷雾类药品）、中草药、性药（包括催情、延时功能的药膏、喷雾、精油类性药）、减肥药品（包括减肥药膏、减肥茶、减肥咖啡）、丰胸药（丰胸贴、丰胸膏）、保健品；医疗器械；具有治疗、治愈效果的药品（减肥贴、戒烟贴、足浴贴、丰胸贴等）；含有药物成分的产品（创可贴等）。

（4）管制道具类：管制刀具（角度小于 60°，刀体长度超过 150mm；角度大于 60°，刀体长度超过 220mm；三棱刮刀以及带有刀柄、刀格和血槽，刀尖角度小于 60° 的单刃、双刃或多刃尖刀、OTF 刀；其他导致他人受伤的产品或防身器具（如，带有点击功能的棍棒或手电、暗示产品有电击功能的自卫产品等）；开锁器等。

（5）化学品类：烟花、爆竹；化学品；安全气囊等。

（6）色情暴力类：含有色情、淫秽或暴力内容的产品。

（7）间谍类：手机窃听器。

（8）烟酒类：香烟、烟草、烟油；酒类。

（9）货币类：流通的货币、伪造的货币以及印制设备的产品。

（10）解码设备：芯片解码器。

（11）人体器官：人体器官、遗体。

（12）珍贵物种：濒危野生动物、珍惜植物等。

（13）金融类：读卡器刷卡器；信用卡银行卡信息器；金融证券类。

（14）电子产品：信号干扰器、屏蔽器（包括手机屏蔽器、GPS 屏蔽器、反 GPS 追踪器）；升级存储设备、内存超过 256GB 存储设备（升级 U 盘、内存卡、硬盘）。

（15）政治信息的物品：反动、破坏国家统一，泄露国际机密的产品；宣传邪教思想产品；种族歧视；国徽等。

（16）服务类：任何服务（洗钱、色情、贩卖人口、泄露商业秘密、医疗、保健、挂号、讨债、加粉丝或听众服务等）。

（17）警用品：警棍等警用设备；警用制服、警车。

（18）虚拟类产品：比特币、莱特币、比奥币、狗币、无限币、夸克币等。

2. 限制销售的产品

限制销售的产品，指需要取得商品销售的前置审批、凭证经营、或授权经营等许可证明，才可以发布的产品。

常见的需要许可证的产品如下：

（1）弓弩：需要提供弓弩生产、销售和运输许可证。

（2）隐形眼镜（普通隐形眼镜、装饰性彩色平光隐形眼镜）：需要提供该产品医疗器械注册书以及相关生产、经营资质证书。

（3）等值纪念币：需要提供销售许可证明。

（4）食品类：需要提供《商品卫生许可证》《商品经营许可证》《出口商品卫生

注册证书》《进出口商品标签审核证书》或《中华人民共和国出入境检验检疫卫生证书》。

（5）化妆品。

三、禁止销售侵犯知识产权产品规则

知识产权是一个统称，主要包括专利权、商标权、著作权。

1. 侵犯知识产权专利权

专利权，简称"专利"，是发明创造人或其权利受让人对特定的发明创造在一定时期内依法享有的独占实施权，专利权包括三种：

（1）发明专利权：发明，是指对产品、方法或者其改进所提出的新的技术方案。发明专利在中国保护期为20年。

（2）实用新型专利权：实用新型，是指对产品的形状、构造或者其结合所提出的实用的新的技术方案。

（3）外观设计专利权：外观设计，指对产品的形状、图案或者其结合以及色彩与形状、图案相结合所做出的富有美感并适于工业上的新设计。

侵犯知识产权专利权的行为：

（1）在其制造或者销售的产品、产品的包装上标注他人的专利号。

（2）在广告或者其他宣传材料中使用他人的专利号，使人将所涉及的技术误认为是他人的专利技术。

（3）在合同中使用他人的专利号，使人将合同涉及的技术误认为是他人的专利技术。

（4）伪造或者变造他人的专利证书、专利文件或者专利申请文件。

2. 侵犯知识产权权利人商标权

侵犯知识产权商标权是指以营利为目的，未经权利人的许可，侵犯他人注册商标的行为。

侵犯知识产权权利人的商标权的行为，包括但不限于以下行为：

（1）未经注册商标所有人的许可，在同种商品或者类似商品上使用与其注册商标相近或者相似的商标的；

（2）销售明知是假冒注册商标的商品的；

（3）伪造、擅自制造他人注册商标标识或者销售伪造、擅自制造的注册商标标识的；

（4）故意为侵犯注册商标专用权的行为提供便利条件的；

（5）给他人注册商标使用权造成其他损害的。

3. 侵犯知识产权权利人著作权

侵犯知识产权权利人著作权是指以营利为目的，未经著作权人许可，侵犯他人的著作权，违法所得数额较大或者有其他严重情节的行为。

侵犯知识产权权利人著作权的行为，包括但不限于以下行为：

（1）未经著作权人许可，发表其作品的；

（2）剽窃他人作品的；

（3）使用他人作品的，应当支付报酬而未支付的；

（4）未经电影作品和以类似摄制电影的方法创作的作品、计算机软件、录音录像制品的著作权人或者与著作权有关的权利人许可，出租其作品或者录音录像制品的；

（5）未经出版者的许可，使用其出版的图书、期刊的版式设计的。

四、产品视频发布规则

（1）视频展示中产品侵犯他人注册外观专利；

（2）视频展示中产品侵犯他人的发明专利；

（3）视频展示中产品侵犯他人版权；

（4）视频中产品展示不完整或将商标部位进行遮挡或涂抹；

（5）视频中出现暗示该产品为品牌产品的行为；

（6）视频中出现卖家的私人联系方式，如电话、邮箱等；

（7）视频中出现其他违规行为。

五、禁止"盗用他人产品图片"规则

盗图是指在未经他人许可的情况下，擅自使用他人拍摄的图片以进行产品发布的行为。

六、禁止"价格违规"规则

价格违规是指商品发布价格严重偏离正常价格或者刻意规避搜索排序规则的行为。

以下行为认定为"价格违规"的规则：

（1）商品超低价：卖家在发布产品价格时设置较大偏离（低于）正常销售价格，在价格排序时，吸引买家骗取曝光。

（2）商品超高价：卖家在发布产品价格时设置较大偏离（高于）正常销售价格，

在价格排序时，吸引买家骗取曝光。

（3）运费作弊：卖家以超低或不合理的价格发布商品，吸引买家注意的同时相应调高运费价格；或实际收取的运费低于描述中设置的运费。

（4）SKU作弊：卖家刻意规避商品的库存进出计量单位，滥用商品属性（如套餐，配件等）设置过低或者较大偏离实际的价格，使产品排序靠前的行为。

七、产品"如实描述"规则

产品如实描述是指卖家在产品或者服务描述页面、店铺页面和所有网站所提供的沟通渠道中，对于所销售产品或者服务的基本属性、成色、瑕疵、保质期等必须说明的信息进行真实、完整的描述，不存在任何夸大或者虚假的成分。

以下行为视为"描述不符"规则：

（1）外观不符：买家所购买的产品外包装、产品颜色、尺寸、材质等通过目测可以识别的属性，与达成交易时卖家对于产品的描述有明显偏差。

（2）功能属性不符：买家所购买的产品与达成交易时卖家对于产品相应功能的描述有明显的偏差或者属性缺失。

（3）售后服务部符：买家在购买某项产品和服务时，卖家未提供或者未完全提供在产品描述中所承诺的售后服务条款。

（4）附带品不符：买家所购产品或者服务缺少卖家在产品描述中所承诺的附带品或者附带品与描述有明显偏差。

（5）产品价格或者运费不符：卖家不能按照交易达成时的产品价格或者运费执行订单，有要求买家额外支付运费的行为。

八、禁止"发布重复产品"规则

重复产品是指同一账户持有人在网站持有一个或者多个卖家账户中，任意两个产品间没有明显的差异。

以下行为被认定为重复产品：

（1）产品标题相同或者高度相似：任意两个产品的产品标题的单词组成中，排除和实际产品特性无关的字符，剩下的有意义的字母所组成的单词完全相同或者高度相似，无论顺序是否一致；

（2）首图描述的是同一个产品，且标题、属性（尺寸、颜色、数量等）相同或近似；

（3）同款产品，如果其中一件产品首图、标题、描述已包含了各种销售属性（尺寸、颜色、数量等），然后又以此作为不同规格，分别发布展示；

（4）同款产品，以附带不同的附赠品或附带品分别发布；

（5）同款产品，在没有体现买家不同需求时，通过更改其价格、处理时间、数量、组合方式或其它发布形式进行多次发布；

（6）出售一般或通用的产品，但却发布多个产品：如 AA 电池、通用镜头盖、通用盒子和线缆等。

九、禁止"乱放产品目录"规则

鉴于网站出售的产品归类方便管理和买家便于查找，各大网站均对卖家差评的归类作出明确的规定，卖家主要依据产品的基本特性分类，根据海关的 HS 编码的编排规则进行归类，这样既有利于准确的产品归类，又方便成交以后的进出口报关和报检海关税则的归类。

乱放产品目录的类型主要有：

（1）其他类目错放：将既有发布目的产品放入到各级其他类目中；

（2）二级或其他子级类目错放：实际产品一级发布目选择正确，次级或其他子级类目选择不正确，产品错放；

（3）一级类目错放：实际产品一级发布类目选择不正确，产品错放；

（4）准入类目错放：将准入类目的产品放入到其他任何目录中；

十、行业准入规则

针对不同类目的产品因其特殊的材质，物理、化学功能，以及涉及人类安全健康等因素，在进行跨境电子商务销售的过程中对卖家的产品上架实行行业准入规则。

（一）电子出版物准入规则

申请加入电子出版物的卖家必须同时满足以下所有的条件：

（1）卖家账户须通过实名认证。其中企业用户允许准入的账户数量≤2 个；个人用户允许准入数量≤1 个；

（2）卖家账户整体纠纷率不得高于 3%；

（3）卖家账户整体退款率不得高于 3%；

（4）签订准入承诺书。

取消电子出版物类准入规则：

如果卖家在经营中达到以下一条件，平台将取消其电子出版物类目准入资格：

（1）账户近3个月内准入类目纠纷率高于5%；

（2）账户近3个月内准入类目退款率高于3%；

（3）实际销售产品与展示产品不符；

（4）账户存在严重违规行为。

（二）水烟管类目准入规则

申请加入水烟管类目的卖家账户必须同时满足以下所有条件：

（1）卖家账户需通过实名认证；

（2）对于生产或销售范围为玻璃烟具或玻璃器皿的企业卖家，须提供营业执照且与实名认证信息一致；

（3）对于非生产或销售范围为玻璃器皿的企业或个人卖家，须提供相应的进货证明；

（4）通过准入测试；

（5）签订准入承诺书。

如卖家在经营过程中出现以下任何一种情况，网站平台将取消卖家的准入资格，并做关闭账户处理：

（1）卖家在产品的标题、图片、描述中通过其他途径使用禁用关键词。

（2）产品图片或文字描述中表明带有粉状、结晶状等物体。

（三）存储设备准入规则

网站平台所有存储设备类目均为准入类，卖家经营存储设备产品必须同时满足以下条件：

（1）卖家需要通过实名认证；

（2）存储设备的检测报告；

（3）签订准入承诺书。

如果卖家在经营中达到以下任何一项，网站平台将取消其存储设备类目准入资格：

（1）价格低于市场价但未向网站进行备案；

（2）准入类目的纠纷率高于6%；

（3）准入类目的退货率高于10%；

（4）店铺好评率低于75%；

（5）买家投诉销售产品为虚假内存产品。

（四）皮草类目准入规则

真皮草准入规则：

（1）卖家需要通过实名认证；

（2）真皮草大型厂家；

（3）签订准入承诺书。

真皮草产品发布与销售规则：

（1）以市场价格为标准，不得大幅高于或者低于市场价格；

（2）不得销售国家保护动物的皮草以及出口国限制进口的皮草。

仿皮草产品发布与销售规则：

（1）标题不得有 Genuine（正版）等表示产品为真皮草的关键词；

（2）图片不得使用真皮草图片。

取消准入真皮草类目资格：

达到以下任意条件，网站平台将取消真皮草类目资格；

（1）准入类目的纠纷率高于7%；

（2）买家举报销售的产品为假皮草。

（五）珠宝类目准入规则

精品珠宝的类目，如：翡翠、玛瑙、金、银、水晶、宝石、珍珠、铂金类君为准入类目，卖家经营以上类目需要满足以下条件：

（1）卖家账户需要通过企业资质的实名认证；

（2）真实有效的珠宝鉴定证书；

（3）与珠宝鉴定证书中鉴定产品一致的产品实物原始图片；

（4）签订准入承诺书；

（5）卖家账户纠纷率不得高于6%；

（6）卖家账户退款率不得高于6%。

产品发布与销售规则：

（1）上传的产品需为 14K 以上的贵重金属；

（2）产品含银量需在 92.5% 及以上；

（3）PT850 或以上的铂金；

（4）天然宝石或经过光学、物理、化学等方法处理过的宝石；

（5）珍珠类产品须是天然珍珠；

（6）水晶、玛瑙类产品价格须在 $ 50 以上；

（7）翡翠类产品价格须在 $ 100 以上；

（8）产品描述中部可以出现镀金、镀银等关键词。

取消准入规则：

卖家在经营中达到以下任一条件，网站平台将取消所在类目的准入规则：

（1）准入类目的纠纷率高于3%；

（2）准入类目的退款率高于6%；

（3）买家投诉卖家所销售的产品与描述不符；

（4）提供虚假鉴定证书；

（5）发布非珠宝类产品。

（六）婚纱精品类目准入规则

网站婚纱精品类目的伴娘服、新郎服、儿童装、妈咪装、礼服、婚纱类目均为准入类目，卖家经营以上类目须满足以下所有条件：

（1）卖家账户需要通过实名认证；

（2）签订准入承诺书；

（3）至少提供4张自拍外国模特原始图片。

产品发布销售规则：

（1）上传产品需使用自拍的外国模特图片，图片数量不得少于8张，不得低于600×600像素，且图片需保证清晰。

（2）婚纱、礼服、伴娘服、新郎服、妈咪服、儿童装在上传时不允许上传品牌官网图、架子图。

取消准入规则：

如果卖家在经营中达到以下任一条件，平台将取消所在类目的准入资格：

（1）准入类目的纠纷率高于3%；

（2）准入类目的退款率高于10%；

（3）买家投诉卖家所销售的产品与描述不符；

（4）同一ID的不合格，产品数量累计超过10件，取消ID在该馆的准入权限。

（5）产品价格过高或者低于市场标准价格；

（6）使用官网的图片或者盗用他人产品图片；

（7）巡检时，无法提供产品的原始图片。

（七）品牌手机类目准入规则

申请加入品牌手机类目的卖家账户必须同时满足以下条件：

（1）卖家账户通关实名认证。其中企业用户允许准入的账户数量≤2个；个人用户允许准入的账户数量≤1个；

（2）卖家账户整体纠纷率不得高于5%；

（3）退款率不得高于5%；

（4）通过网站品牌授权流程。

取消品牌手机类目准入资格：

（1）账户近3个月内准入类目纠纷率高于2%；

（2）账户近3个月内准入类目退款率高于3%；

（3）账户品牌授权为虚假授权；

（4）买家投诉产品为虚假产品。

（八）真人发类目准入规则

平台真人发类为准入类目，卖家经营此类目必须同时满足以下所有条件：

（1）卖家需通过实名认证；

（2）顺发样品（真人发样品、视频、鉴定报告）；

（3）签订准入承诺书。

取消准入规则：

如卖家在经营中，达到以下任一条件，平台将取消所在类目的准入资格：

（1）准入类目纠纷率高于2%；

（2）准入类目退款率高于6%；

（3）店铺好评率低于75%。

（九）香水类目准入规则

申请加入香水类目经营的卖家账户，必须同时满足以下所有条件：

（1）拥有自主品牌（品牌注册证书）或他人的授权品牌（品牌授权证书）；

（2）账户纠纷率不得高于6%；

（3）账户退款率不得高于6%；

（4）卖家通过实名认证；

（5）签订准入承诺书。

取消准入类目规则：

如卖家在经营中，达到以下任一条件，平台将取消所在类目的准入资格：

（1）准入类目的纠纷率高于5%；

（2）准入类目的退款率高于8%；

（3）所销售的产品与展示的产品不符；

（4）买家投诉产品质量问题，且事实成立。

第二节　跨境电子商务常见争议及解决策略

一、网站按照买家发起的纠纷的不同阶段可分为："协议纠纷""平台升级纠纷"和"售后纠纷"三个阶段

（一）协议纠纷

协议纠纷是指卖家在填写运单号的 5～90 天内（四大快递：UPS、DHL、FEDEX、TNT 发起纠纷时间 5～90 天、一般快递 7～90 天、平邮为 10～90 天）买家开始和卖家沟通解决获、款问题的协商阶段。

在协议纠纷阶段，买家可以提出部分退款、全额退款、退货退款、重新发货等协议内容，如果卖家同意，即买卖双方协议达成，系统将按照协议内容执行；若卖家拒绝，需同时提交新的解决建议。

如果买卖双方的纠纷无法解决，买家可以在协议纠纷开启后的 5～10 个自然日期间请求网站调解中心介入，纠纷升级为平台升级纠纷。

如果买家未在协议纠纷开启的 10 个自然日内请求网站调解中心介入，也未在此阶段和卖家达成一致，1 个自然日后系统将此协议升级为平台升级纠纷，调解中心介入后，会在升级后的 10 个自然日内出具裁决意见。

（二）平台升级纠纷

平台升级纠纷是买家主动要求调解中心介入调查，或者调解中心判断为未解决的协议纠纷，在协议纠纷阶段主动介入并升级的情况，是协议纠纷的升级形式。针对一些特殊的产品，如婚纱、内衣等，买家必须在收到货物的较短的时间内提出投诉，一般为 7 天。

平台升级纠纷以买卖双方提供证据、调解中心出具裁决意见、调解中心监督执行方案的流程为主。

买卖双方须在平台升级纠纷开启的 3 个自然日内提供证据，如有任意一方未如期提供证据，系统将默认此方放弃并进行对另一方有利的操作：如没有收到货的投诉，卖家未在 3 个自然日内提供证据，系统将全款退给买家。双方提供证据的 3 个自然日内若纠纷事实清楚、责任明确，调解中心有权提前介入裁决。

调解中心胡在收到买卖家证据后，根据买卖双方的证据和网站纠纷处理判定原则，

在若干自然日内出具裁决意见：卖家责任或卖家无责任。

（三）售后纠纷

售后服务纠纷是指买家在订单完成放款以后的30或60个自然日内发起的投诉。平台升级纠纷的处理原则同样适用于售后纠纷的处理原则。

买家可发起的售后投诉为：没有收到货和质量的问题的投诉，针对婚礼礼服、假发、珠宝、内衣等体验性较强的产品，买家需在收到货后的7个自然日内发起投诉。对于买家逾期发起的投诉，网站调解中心将不予受理。

若卖家差评设置了售后服务条款，当买家发起投诉时，网站调解中心将参考卖家售后服务条款进行裁决；若无售后服务条款的产品出现投诉，调解中心将根据纠纷处理规则进行裁决。若卖家所设置的售后服务条款与产品描述页所承诺的不符，调解中心将以最有利于买家的条款执行。

二、纠纷按照买家投诉的原因分为："未收到货""虚假运单""货物与描述不符"和"买家想退货"

（一）未收到货

未收到货是指买家可以在卖家发货以后的5~90天内发起未收货物的投诉。买家没有收到货物可能存在以下原因：

1. 货物在途

官方货运网站上显示货物去往买家指定的收货地址途中，货物介于"收寄"和"妥投"之间的情形。货物在途的情形包括但不限于以下的方式：

（1）货运状态停滞，长期未被更新：货物长期停滞在一个中转中心或者货物已经到达当地的货运公司或邮局，处于待收取的状态，买家因自身的原因拒绝取货的，调解中心将放款给卖家；如因卖家的原因拒绝取货，或者货物到达当地后责任方无法判定的情况，调解中心将在发送确认收货通知后执行全款退款的处理。

（2）海关扣关：①卖家全责：货物显示递交到海关，或者货物长期处于等待清关的状态，10天内无任何货运信息更新，此种情况下，视为卖家全责，调解中心介入后，执行全额退款；订单货物属于假货、仿货、违禁品；直接被进口国海关销毁；卖家自行填写与实际订单金额不符的申报价值导致买家须在进口国支付罚金；卖家无法出具进口国需要的卖家应提供的相关的文件；扣关原因不明；②买家全责：进口国限制订单货物进口；由于区域性保护政策，订单货物在进口国当地产生的关税或其他税收；

③卖家部分责任：卖家在买家的要求下，填写与实际订单金额不相符的申报价值导致买家须在进口国支付罚金。

2. 货物返回和显示妥投

（1）货物返回：货物返回并已经妥投到发件地，或者在返回发件地途中，货运在途状态长期停滞，调解中心将以货物退回的原因进行判定：

①若因买家原因（如提供了错误地址）导致货物返回的，调解中心将在卖家提供发票后保留发货运费，其余款项退给买家。

②若货物退回原因不明（如包裹原路返回、或退回到新加坡/中国香港等发件地）或为卖家原因，不论退货状态如何，视为卖家全责，调解中心执行全额退款（建议卖家及时关注货运投递情况，发现异常尽早查询原因并反馈给纠纷专员）。

（2）货物显示妥投：包括但不限于货运信息显示，城市，邮编和签收人相符。如货运跟踪信息显示的投递国家、城市、邮编和签收人完全相符，调解中心将放款给卖家。如货运信息显示不全且订单金额大于100USD，卖家须同时提供发货底单和包裹签收证明，调解中心核实证据的有效性后作出判定。如卖家未如期提供证据，或者无法提供所需要的证据，视为卖家全责，调解中心执行全额退款。

（3）货物直接妥投到海关的视为卖家全责，调解中心执行全额退款。

（4）买家拒签：①买家有理拒签：当货物寄送到买家，或者买家指定的收件人时，买家以货物损坏，货不对版等原因拒签包裹，此种情况下，调解中心介入后，裁定卖家全责，卖家承担退货运费及风险；如买家投诉卖家发货延迟（以卖家承诺给买家的发货日期或者发货截止日期为准），并以此拒签了包裹，视为卖家全责，调解中心为买家全额退款。②买家无理由拒签或者买家在未明示任何原因的情况下拒签，买家承担运费和风险，敦煌网为卖家退还往返运费，将剩余金额返还买家。

3. 邮政小包

因邮政小包发货方式无法在官网上查询到详细的货运信息或者货运信息显示不全，且货运周期较长，卖家承担此运输方式下的货运责任和风险。

如卖家所承诺的货物运达时限已到，但货运官网上仍无妥投信息，且买家反馈没有收到货的情况，当订单金额大于100USD，卖家需要出具货运底单和签收证明，如无法提供相关证明或者证明无效的，调解中心即刻执行全额退款；调解中心不认可货运代理公司开具的书面形式的查单或者货物妥投证明。此规则同样适用于协议纠纷中卖家在执行包含重新发货协议内容时，买家没有收到重新发送的货物的投诉。

4. 迟延发货

如卖家填写实际有效货运信息（包括但不限于在其他地方告知有效货运单号）晚于备货截止日期，买家因此提起的纠纷，平台将视为卖家责任并根据订单情况执行部分退款或退货退款。

（二）虚假运单号

按照不同货运方式，卖家所填写的货运单号在网站所规定的时限内（从卖家第一次填写货物跟踪号开始计算），若在货运公司官方网站无法查询任何货运信息，或该运单号的货运信息与此订单信息不一致的情况都视为虚假运单号。

海外发货的 DHL、UPS、TNT、FEDEX、USPS 查询信息时间为 5 个自然日，四大快递 UPS、DHL、FEDEX、TNT 查询时间为 5 个自然日，一般快递例如 EMS 查询时间为 7 个自然日，平邮挂号例如中国邮政、中国香港邮政、新加坡邮政等的查询时间为 10 个自然日。

网站调解中心介入后，将视订单情况做出处理：

（1）调解中心介入后，判定货运单号为虚假，视为卖家全责，调解中心执行全额款；

（2）卖家录入的货运单号有可显示的跟踪信息，但与该订单无关（例如买家指定的发货地址是美国，但包裹显示发往法国），视为卖家全责，调解中心执行全额退款；

（3）调解中心介入后，卖家才开始发货或准备发货，若卖家事前并未与买家达成一致，调解中心介入后将确认买家的意见，若买家坚持不接收货物，调解中心将执行退款并请卖家联系货代截回货物。

（三）货物与描述不符

1. 货不对版

货不对版是指买家实际收到的产品与卖家的广告图片或者文字描述内容不符，例如大小、尺寸、颜色、外观、款式、型号和材质不符，且能直观从肉眼做出判断。

根据买卖双方的证明，如果有货不对版的情况，则属于卖家责任，买家对于处理方式有最终选择权利，买家可选择部分退款或者退货退款，其中所产生的退货运费和风险由卖家承担。

如货物严重与描述不符，影响买家的使用，调解中心将裁定卖家全责，执行全额退款。

当买家投诉大小等有关尺寸方面的问题时，调解中心将依据买家所提供的测量证明做出裁决。对于买家提供的测量证明与卖家的产品大小、尺寸描述不符的，裁决为卖家责任，调解中心将执行相应的退款。

2. 数量不符

（1）短货：是指买家所收到的货物数量少于订单上约定的数量。调解中心将按照买卖家提供的货运底单证明或者称重证明调查纠纷，并根据证明做出裁决，对于实际证明少的数量可以裁决卖家补足订单数额或者补给买家相应的货款。

（2）计量单位错误：是指由于计量单位理解偏差，造成数量不符。因计量单位理解偏差，卖家有误导买家下订单嫌疑的；滥用商品属性（如套餐、配件等）设置过低或者较大偏离实际的价格，使商品排序靠前的行为等，视为卖家责任。调解中心将以国际惯用的计量单位为依据确认产品数量，并给买家退款。

3. 质量问题

买家投诉实际收到的产品不具备卖家货物描述里面所提到的功能；或者产品有使用方面的问题，如电子产品无法工作，产品的品质差、破损等。

关于电子产品的功能类的投诉，如果卖家产品标题、图片、描述中明确写明产品型号，敦煌网默认该产品具有该型号的所有功能，如果买家投诉缺少某功能，卖家将承担全部责任。

对严重质量问题的产品，网站平台将采取退款买家的裁决，同时对卖家将采取一定的处罚措施；对一般质量问题将采取部分退还买家货款。

4. 假货

对于珠宝类，卖家在描述这样中出现了钻石、金、银等字样的，买家提供的图片或者鉴定证书显示该产品为假货的，平台将对买家实行全额退款并给予卖家相应的处罚。

5. 知识产权侵权

对于知识产权的侵权，对于品牌商品的销售，如果卖家没有办法提供品牌授权证书，将视为卖家责任，调解中心介入后裁决全额退还买家货款。

6. 虚拟产品

对于没有实物交易的虚拟产品投诉，一旦调解中心介入，将执行全额退款。

7. 货运方式不符

卖家未按照买家所指定的货运方式执行订单，且买家就此问题升级纠纷，视为卖家责任。调解中心介入后会根据订单实际的货运方式所产生的运费和买家指定并已经支付的运费额度，裁决卖家对买家进行相应的补偿。同时，将根据卖家发货方式降级的程度给予相应的处罚。

8. 买家想退货

买家提出无理由退货且卖家售后服务中包含此条款的，调解中心将优先根据卖家所设置的条款裁决。

定制类产品如婚纱礼服、内衣、新郎西装、珠宝，将不适用无理由退货，也即纠纷不会做退货退款的处理。卖家自行和解或卖家设置售后承诺接受无理由退货的情况除外，但会视买家投诉情形，做出是否退货的处理。

第三节　跨境电子商务争议处置实战

一、卖家成功处理纠纷案例

产品：电子烟雾化器

买家投诉过程：

2015 年 2 月 5 日，买家下单订了 20pcs 电子烟。

2015 年 2 月 9 日，卖家填写发货单号并告知买家发货方式，预计妥投时间。

2015 年 2 月 13 日，买家告知收到货物并告知 2pcs 电子烟线圈有破损，接着测试了 3pcs 有问题，最终确定了 7pcs 有问题。

From: Makis Zeg to: h	2015-02-13 12:16:14	now is 7 that have broke!!!! I dont want to try any others..all are useless and they have spoil and the thread of the batteries sorry but Is tottaly crap 7pcs有问题
From: Makis Zeg to: h	2015-02-13 11:57:44	untill now I have try 5 of them and the 4 have brake the thread!! 测试了5pcs，其中发现有4pcs有问题
From: Makis Zeg to: h	2015-02-13 11:53:59	please see the photo bellow..the external thread of the atomizers brake everytime that i try to screw at the batteries..
From: Makis Zeg to: h	2015-02-13 11:24:39	you see...the left one is before i screw to the battery and the right one after i take it out.. the external thread stuck on the tread of the baterry!!! and i have try 3 deferrent batteries all the same this atomizer is tottaly defective i dont know what you do or you sent me a good one or a full refund. let me know as soon as possible what you will decide thank you makis
From: Makis Zeg to: h	2015-02-13 11:06:09	hello again I have tpry 3 of them at my battery and all have problem at the thread connection and have damahge my battery!! this atomizer is tottaly DEFECTIVE is no way to sell them. I want a full refund as soon as possible 测试了3pcs发现都有问题　我刚收到包裹，发现其中2pcs破损
From: Makis Zeg	2015-02-13 02:44:00	Hello friend I just receive the parcel today all is good except 2 of them have broke glass. so please sent me or 2 atomizers or 2 glasses thank you

2015 年 2 月 14 日，卖家针对买家反馈的问题及时回复，安抚买家情绪并请买家提供视频证据。

From: Makis Zeg to:	2015-02-14 20:33:07	Yes it can damage the battery...The thread of your atomizer is loose and when i screw it to the battery stuck inside of the thread of the battery and cant go out..i use many many efford to get it out..i will sent you photo and video if you want.I am 37 years old and i know how to use an electronic cig..i am seller you know!!!!! 雾化器破损但是不会影响到电池
From: to: Makis Zeg	2015-02-14 16:18:55	hi Mr.Makis about the atomizers first of all if the atomizer is damaged cannot effect the battery !! Second please take a pictures of all the 7 damaged atomizers in one photo . Third the photos that u sent to us is 请将7pcs破损的雾化器放在一起拍摄 we aren't responsible about the customer usage ! our products are well produced . we aren't responsible about how the customer use the product . thanks and waiting for your reply .
From: Makis Zeg to: h	2015-02-13 12:16:14	now is 7 that have broke!!!! i dont want to try any others..all are useless and they have spoil and the thread of the batteries sorry but Is tottaly crap
From: Makis Zeg to: h	2015-02-13 11:57:44	untill now I have try 5 of them and the 4 have brake the thread!!

2015 年 2 月 15 日，买家提供视频证据。

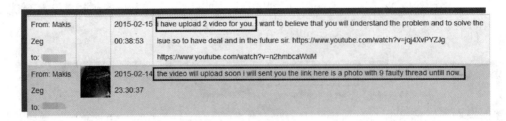

2015 年 2 月 15 日，卖家回复买家处理方案，告知将在 3 月 5 日前重新补发货物，并告知由于春节影响，补发货物将在 3 月 5 日前寄出。

2015 年 3 月 8 日，买家给卖家留好评。

订单号	买家	类型	评价	评价内容	时间
157____55(dh)	Makis Zeg(dh)	卖家收到	好评		2015-03-08

共2条记录 每页显示 20条 分 1 页显示 |

二、案例分析

（1）积极并及时回应买家。从买卖双方沟通记录的时间来看，只要买家有提出问题，卖家总是在第一时间回复。这样能让客人感受到卖家是在真心帮他解决问题。

（2）清楚了解问题所在。并请买家针对问题提供相应的视频证据。

（3）提供有效的解决方案。根据买家提供的视频证据，卖家承认商品破损是事实，并给买家重新补发货物的建议。同时，提前告知买家因为春节假期可能导致货物发送延迟，并希望能发送一个小礼品给买家来表达自己的歉意。

 思考与练习

1. 平台规则包括哪几个方面？

2. 禁止销售的产品有哪些？

3. 平台纠纷有几种类型，解决策略有哪些？

第六章　跨文化交流禁忌

第一节　跨文化交流概述

跨境电子商务不同主体之间的交流多数是跨文化交流的范畴。跨文化交流既可能是两个具有不同生活方式、不同语言、不同历史传承的人之间的相互交流，也可以是两个文明或多个文明之间的交锋、交流和交融。交流过程中会出现习俗的禁忌、语言的障碍等。

一、文化的概念与发展

文化就是人类创造的一切物质财富和精神财富的总和，包括构成文化"硬件"的物质文化和文化"软件"的语言、美学、教育、宗教、传统习惯、价值取向、社会组织等。说到底就是人类的全部知识和习俗总和，既包括精神的内容，也包括物质的内容。由于各种社会和自然因素造成的各地区、各群体文化特殊性的方面，产生文化的差异，称之为亚文化。

文化是整个社会的重要组成部分，其具有社会的共性，同时也有民族的特征。文化不是与生俱来的，是后天获得的。《礼记·学记》中"玉不琢，不成器；人不学，不知道"讲的就是这个道理。

从纵向来看，文化不是一成不变的，不同的历史时期有不同的文化，每个时期的文化都各具特色，不同时期各具特色的文化才汇聚成今日多姿多彩的中华文化。从横向来看，不同地域，不同习惯造就了不同文化。

二、文化与跨境电子商务

文化是指导一个群体日常生活的理念、准则和价值观。在跨境电子商务活动中，文化渗透在人们的生活中，引导人们怎么消费，决定着跨境电子商务营销的成败，同时也是影响跨境电子商务业务的核心因素。诸如经营的产品要根据不同消费者市场文化特点与要求设计，价格的高低要根据各国消费者不同价值观念和支付能力，促销要根据各国文化特点设计广告。跨境电子商务经营者的活动又构成文化的一个组成部分，其活动推动着文化的发展。其活动既适应了文化又创造了新文化，诸如创造新需求、新的生活方式等。

跨境电子商务经营成果的好坏受文化的裁判。消费者对产品接受与否，均是其文化意识的反映。一个新的产品推向市场是否成功，不是由厂家决定的，而是要看产品是否被当地电子商务消费者接受，是否符合当地跨境电子商务文化环境。文化同时会对跨境电子商务相关组织人员产生影响。跨境电子商务业务的参与者来自世界各国，不同的风俗习惯、文化传统、工作态度、行为方式、目的愿望等会导致不同文化间成员可能会产生反感、排斥、对立、冲突乃至对抗，这就往往不利于跨境电子商务业务的顺利实现。而跨境电子商务业务参与者之间通过寻找观念共同点和简历共同的价值观，不断强化不同文化的成员之间的合作、信任和团结，使之产生亲近感、信任感和归属感，实现文化的认同和融合，在达成共识的基础上，使其对跨境电子商务业务产生一种认同，这样才有利于跨境电子商务业务的发展。

三、跨境电子商务业务中的文化行为准则

1. 避免"自我参照惯性准则"

其实大家都知道这一点，各国文化存在差异。如果进军一国市场就必须对该国的文化适应，跨境电子商务业务也是如此。适应一国的文化，说起来容易但是做起来非常困难。这是因为文化环境能在根本上影响人们对世界的看法和社会行为，即人们的行为无时不刻存在一种自我参照准则。即当我们进入异域文化时，自我参照准则就会发生作用。许多跨境电子商务经营者会无意识地参照本国文化价值观、市场知识和营销经验，对外国市场或营销问题作出判断，并作为跨境电子商务业务决策的依据。

自我参照原则，是指国际市场业务人员在决策时，会无意识地参照自己的文化价值观，以及参考以往的成功经验；国际市场业务人员深受母国文化的影响，往往以自身的文化价值观作为其判断和决策的基础。如果想要深入理解，适应当地市场，必须要站在对方的文化角度去了解当地市场，从而避免陷入自我参照惯性准则，造成不必要的麻烦。

2. 把握消费者所在国家的市场文化

一个国家的商业习惯与该国的文化是密不可分的，商业习惯也是文化环境的组成

部分。能不能把握消费者所在国家的文化习惯，决定着商业的成功与否。各地的风土人情也在日益丰富着消费者所在国家的亚文化，在这样的情况下，跨境电子商务经营人员要更学会调整自己，避免消费者所在国家的文化禁忌，以适应消费者所在国家的文化。

第二节　主要国际市场交流禁忌

一、美国市场禁忌

1. 不能随便和他们开玩笑

一些美国留学生有时会说一两句善意的谎言或者开个玩笑，大家认为这些都是正常的。然而在美国，你和他说谎或者开玩笑说他不诚实，这些言语都会使美国人不悦，因为美国是一个很讲信誉的民族，他们经济和社会地位都是建立在个人的信誉基础上的，不能忍受别人没有信誉。

2. 不要称呼黑人为"Negro"

"Negro"是英语"黑人"的意思，尤指从非洲贩卖到美国为奴的黑人。所以，在美国千万不要把黑人称作"Negro"，跟白人交谈如此，跟黑人交谈更如此。否则，黑人会感到你对他的蔑视。说到黑人，最好用"Black"一词，黑人对这个称呼会坦然接受。

3. 谦虚并非美德

中国人视谦虚为美德，但是美国人却把过谦视为虚伪的代名词。如果一个能操流利英语的人自谦说英语讲得不好，接着又说出一口流畅的英语，美国人便会认为他撒了谎，是个口是心非、装腔作势的人。所以，同美国人交往，应该大胆说出自己的能力，有一说一，有十说十。不必谦虚客气，否则反而事与愿违。

4. 不能随便说"I am sorry"

"I am sorry"和"Excuse me"都是"抱歉""对不起"的意思，但"I am sorry"语气较重，表示承认自己有过失或错误。如果为了客气而轻易出口，常会被对方抓住把柄，追究实际不属于你的责任。到时只有"哑巴吃黄连"，因为一句"对不起"已经承认自己有错。

5. 不能询问别人隐私

对许多美国人来说，年龄是个非常敏感的问题，特别是对年过30岁的女人来说更是如此。在这个崇尚年轻文化中，想到变老是很痛苦的。大多数人，如果有可能的话，都不想沾它的边儿。所以，许多美国人竭力想维持外貌的年轻，他们最不愿别人问及的问题就是："你到底有多大年纪了？"体重也是最敏感的话题之一。在美国，长得瘦是不错，甚至会让人羡慕，但超重就让人极为难堪，是种罪过。实际上，你越瘦，别人会认为你越漂亮。随便翻翻美国哪本时尚杂志，你会发现大多数模特都是皮包骨头。美国人很关注体重，且极少透露他们的体重……即使他们很瘦，身材很好。所以，你别问为妙。但如果你非得要讲，那就说："噢，你看起来掉磅了"比"噢，你看起来像是重了几磅"常常要稳妥。然而，如果你想说实话但又不伤人，我建议你用词要小心，或许可以说："嘿，你看起来棒极了。很健康。"千万要记住，那不是脂肪，是肌肉。你绝对不要问别人挣多少钱。这没什么可说的。但你完全可以问他们的工作头衔和以什么为生计。这个信息可以让你对他们一年挣多少有所了解。不要对别人的爱情、婚姻和家庭情况提太多问题，直到你跟此人结成了朋友。

二、欧洲市场禁忌

1. 英国

不能问女士的年龄。英国人非常不喜欢谈论男人的工资和女人的年龄，甚至他家里的家具值多少钱，也是不该问的。如果你问了一位女士的年龄，也是很不合适的，因为她认为这是她自己的秘密，而且每个人都想永葆青春，没有比对中年妇女说一声"你看上去好年轻"更好的恭维了。毫无疑问，每个女士的发型、化妆和衣着都是为了让自己看起来更美丽、更年轻，但是如果她的打扮让人感到太刻意，那么别人就会带着非难的口吻说她"显得俗气"。

不能砍价。在英国购物，最忌讳的是砍价。英国人不喜欢讨价还价，认为这是很丢面子的事情。如果你购买的是一件贵重的艺术品或数量很大的商品时，你也需要小心地与卖方商定一个全部的价钱。英国人很少讨价还价，如果他们认为一件商品的价钱合适就买下，不合适就走开。英国人认为"13"和"星期五"是不吉利的，尤其是"13日"与"星期五"相遇更忌讳，这个时候，许多人宁愿待在家里不出门。在英国，忌讳谈论男人的工资、女人的年龄、政治倾向等。

2. 德国

接电话要首先告诉对方自己的姓名。重视称呼，对德国人称呼不当，通常会令对方大为不快。一般情况下，切勿直呼德国人的名字。称其全称，或仅称其姓，则大都可行。与德国人交谈时，切勿疏忽对"您"与"你"这两种人称代词的使用，对于熟人、朋友、同龄者，方可以"您"相称。在德国，称"您"表示尊重，称"你"则表示地位平等、关系密切。对女性，不管其婚否或长幼，都可以称"某女士"，但对已婚妇女应以其夫姓称之。

德国人对纳粹和军团标识特别敏感，电子商务网站和产品包装的设计上应该注意避免这类图片出现。

3. 法国

法国人在人际交往中大都爽朗热情。善于雄辩高谈阔论，好开玩笑，讨厌不爱讲话的人，对愁眉苦脸者难以接受。受传统文化的影响，法国人不仅爱冒险，而且喜欢浪漫的经历。自尊心强，偏爱"国货"。法国的时装、美食和艺术是世人有口皆碑的，再此影响之下，法国人拥有极强的民族自尊心和民族自豪感，在他们看来，世间的一切都是法国最棒。与法国人写邮件或者交流时，如能讲几句法语，一定会使对方热情有加。

4. 比利时

在与比利时人交往中，一是要切记比利时的民族和语言问题，对瓦隆人和佛兰芒人一视同仁，万万不可把自己与比利时的民族矛盾纠缠在一起。二是要避免谈论比利时的宗教、政治问题，因为你很难知道你的比利时伙伴是否欣赏你的观点。较为稳妥的话题可以是关于体育运动，如比利时人喜欢的足球、自行车赛等，也可以谈论比利时的文化成就，或者你所访问过的城市等。

5. 意大利

意大利人热情、开朗、健谈。谈问题一般都单刀直入，不拐弯抹角或耍心计。不要立即谈生意，意大利人喜欢先闲聊几句，聊聊家常什么的。对商业谈判要有充分准备，对自己的产品及其在当地或其他地方取得的成功要有详尽的了解。大多数工厂、公司7～8月都关门，仍然开业的公司也只有少数骨干人员在工作。这段时间不要联系业务。不要谈论当地的政治（过去的和现在的）以及当地税务情况。绝对不要批评意大利国家或地区的体育运动队。绝大多数意大利商业人员都受过良好教育，他们喜欢漫谈艺术、文化、国际事务、体育运动、饮食和家庭生活。在纯社交活动中不要谈业务。

其他欧洲国家，主要都是信奉基督教和天主教，主要是对"星期五"和"13"有所禁忌，对自己的隐私有所禁忌。

三、俄罗斯市场交流禁忌

与俄罗斯人交流，允许的话题主要包括以下几个方面：

1. 健康

关于健康话题，俄罗斯人比较积极。他们很乐于与别人分享自己的健康状况，因为他们把健康当做自己的骄傲，但不会过分炫耀。然而，如果有人的健康状况不好，那么周围的会很多热情的俄罗斯人表现出对你的怜惜并且提出一些医疗上的建议。抱怨生活和同情弱者和病人都是俄罗斯人性格的一部分，更是他们可以接受的话题。

2. 天气

俄罗斯继承并发扬了欧洲人闲谈时以天气为话题。因为天气是谁都关心并且也不会得罪别人的话题。据说，欧洲人经常以天气为谈话的话题，是因为想避免与别人谈论私事。有趣的是，俄罗斯人经常谈论的只是坏的天气，例如："这是什么鬼天气呀？"或者"又下雨了"俄罗斯人谈论天气是很普遍的，但是如果用得不恰当会被认为是很庸俗的，如果外国人把本地或者本国的天气与当地天气来对比着聊，可以引起俄罗斯人极大的兴趣。然而，俄罗斯人之间一般是不谈论天气的，也不谈论金钱，而是某种与国家或者切身利益相关的大事，例如政治。

3. 家庭

俄罗斯人之间经常谈论自家的家庭以及孩子并且往往把孩子的学习状况放在首位来谈。他们会因为孩子取得好成绩而骄傲自豪。因此在交谈时，可以适当地询问对方孩子的状况，或者对方的喜好与如何度过闲暇时间。俄罗斯人通常不会随身携带着亲人或者爱人的照片，也不把照片放在办公桌上面。如果交谈中你可以把自己的亲人的照片给他看，他会很感兴趣，并且很容易对你产生好感。俄罗斯人很愿意与周围的人谈论自己的家庭和孩子，但是不会在谈话中直接引出如："您丈夫在哪里工作？"或者"您结婚了吗？"这样的话题。

4. 年龄

俄罗斯人在交际中一般会避免问及年龄的问题，尤其是对于已婚的妇女。当然医生或者一些官方人士有权力询问年龄，但是提问的方式也会相对婉转。但是，长辈问小辈问题时，可以问："你多大了？"然而小孩子有权不正面回答，而提问者实际上也是希望通过这种方式和小孩子攀谈，表示出对其关心和注意。谈论妇女的年龄是不礼貌的，甚至在五十岁或者更大岁数的生日祝寿时，人们也不会在祝词中提及年龄。

5. 工作

俄罗斯人在日常交际中往往也会避免提到收入、钱财和工作。俄罗斯人的传统同的思想就是幸福并不在于金钱或者地位。虽然时代变化了，人们也开始关注收入或者工作等问题，但是过于直率地与俄罗斯人谈论工作方面问题，否则会被认为是不谦虚不礼貌的。

6. 饮食

俄罗斯人一般是不会过分讲究饮食的，因此也很少谈论饮食的话题。他们一般不会感兴趣你去过哪个饭店或者去哪个国家吃到过什么美味佳肴。所以要尽量避免涉及这种话题。

7. 矛盾

众所周知，日常生活中，与朋友聊天，尽量要抛开一些有争议的话题，尤其是有着宗教信仰差别、政治观点差别、民族矛盾纠纷等问题。因此，要多选择些轻松愉快、易被接受的话题进行交流，以便获得好感与信赖。此外，提建议的时候，要注意语气的婉转，即避免"你应该……"或者"你最好……"。

8. 客套语

打招呼的时候，不要问"你去哪儿?"这对于俄罗斯人来说是属于打听别人隐私的行为。在久别重逢的寒暄问候中，切忌说"你胖了!""你瘦了!"或者"你变漂亮了!"俄罗斯人没有这种习惯，而且他反而会认为你觉得她丑陋或者臃肿。

四、拉美市场交流禁忌

（1）忌讳"13"和"星期五"，世界很多国家对"13"和"星期五"有些忌讳。

（2）跟阿根廷人避谈政治、宗教和有争议的问题，如军人干政、马岛战争、白人与土著人关系；不要非议探戈舞；如果席间有妇女，也不宜讨论商业事务。

（3）跟墨西哥人要忌讳蝙蝠及其图案和艺术造型；一般不直呼对方的名字，喜欢称对方的职称、学位等头衔，如教授、博士、医生、工程师、律师、法官等，一般没有称呼对方为"阁下"的习惯；避谈墨西哥受美国影响而进步，避谈墨西哥不平等和贫困。

（4）跟巴西人避免说涉及种族议题的笑话，也不愿谈论阿根廷；避谈当地宗教和政治。

（5）跟哥伦比亚人不要说斗牛不好，忌对民间习俗说三道四。

（6）秘鲁人认为紫色是不祥的颜色，仅在宗教仪式中使用；避谈政治，忌讳"死亡"这个字眼。

（7）跟萨尔瓦多人不要笼统地称美国人为"American（美洲人）"，否则他会不高兴。

（8）玻利维亚人更喜欢和会讲西班牙语的人打交道；避谈政治和宗教。

（9）乌拉圭人忌讳青色；避谈政治。

五、中东市场交流禁忌

中东国家基本没有语言禁忌，主要禁忌为民族习俗。

1. 酒

禁止的原因在于酒能使人暂时丧失理智，神经处于麻醉状态，对自己的言行失去自控能力，从而给自己和他人带来危害，这种伤害对穆斯林而言不仅是身体、物质上的，还在于有时因语言、精神失控而导致信仰的丧失，因此《古兰经》严格禁酒，将之和赌博等看作是导致社会危害、引起人与人之间争斗、人际关系恶化的恶魔行为。昔日的古代社会是这样，今日世界也是如此。离婚案中也有不少是因一方酗酒而导致夫妻失和、家庭破裂。像一些酒后开车造成的伤害事故更是与酒有关。"酒"正成为一些国家和地区的重大社会问题，世界卫生组织也不断加大力度宣传禁酒。而伊斯兰早已将酒及一切饮用后导致人丧失理智的食品一概禁止，如鸦片、海洛因等。至于有人问到啤酒等一些低度酒或少喝一些的问题，毫无疑问也一并禁止，因为法律禁止一样事物是根据其性质本身，量的问题只是程度问题。

2. 猪

谈到不吃猪肉，今日世界恐怕无人不知这是穆斯林禁止食用的。在中国，只要人们知道你不吃猪肉则马上想到你是回民，提到回民则立刻知道你不吃猪肉，不吃猪肉几乎已成穆斯林的标识，回民的代称。事实上，不吃猪肉并不是穆斯林的专利，也不是《古兰经》首倡禁止。人类厌猪、禁猪的历史可追溯到五千年前的文明古国埃及。在一幅古代壁画上，可看到凡是作恶之人的灵魂全送给猪吃。距今有三千年的犹太教经典被基督教视为《圣经》的《旧约》利未篇十一章七至八节说："……猪因为蹄分两瓣却不反刍，就与你们不洁净，这些兽的肉你们不可吃，死的你们不可摸，都与你们不洁净。"所以犹太人不吃猪肉，信奉《旧约》的基督教徒也不吃猪肉，如基督教中的"安息日复灵派"。

六、非洲市场交流禁忌

美国黑人对"Black"一词并没有抗拒心理。可是，一听到有人呼他"Negro"（黑人之意，尤其指原藉非洲，被贩卖到美国做奴隶的黑人及其子孙），就勃然大怒。非洲人对"Negro""Black"二词不但有抗拒心理，而且不承认它的含意。强调肤色不同，在非洲是最大的禁忌。

参考文献

［1］费绮丽，吕继仁．决胜网络创业［M］．北京：中国劳动社会保障出版社，2015

［2］速卖通大学．跨境电子商务：阿里巴巴速卖通宝典［M］．北京：电子工业出版社，2015

［3］周晓琛．商务谈判理论与实战［M］．北京：中国水利水电出版社，2003

［4］周海荣．跨境电子商务基础与应用［M］．北京：中国商务出版社，2014

［5］张超．有效与客户沟通的55个技能［M］．北京：中国纺织出版社，2012

［6］张丽俐．客户心理与沟通［M］．北京：中国经济出版社，2013

［7］范云峰．沟通创造客户价值［M］．北京：中华工商联合出版社，2013

［8］丁晖．跨境电子商务——多平台运营［M］．北京：中国电子工业出版社，2015

［9］中国电子商务法律法规汇编［M］．北京：法律出版社，2014

［10］各大跨境电子商务平台门户网站及跨境电子商务研究资讯网站，包括敦煌网、阿里巴巴速卖通、易贝、亚马逊、艾瑞咨询网